Lutz Riehl

Vorsicht Lyrik!!! – Lesen auf eigene Gefahr!

Lutz Riehl

VORSICHT LYRIK !!!

Lesen auf eigene Gefahr!

Gedichte aus allen Lebenslagen

Mit Karikaturen von
Christina Kupczak

Bibliografische Information der Deutschen Nationalbibliothek: Die Deutsche Nationalbibliothek verzeichnet diese Publikation in der Deutschen Nationalbibliografie; detaillierte bibliografische Daten sind im Internet über dnb.dnb.de abrufbar.

Covergestaltung: Lutz Riehl
Zeichnung: Christina Kupczak

© 2019 Lutz Riehl
Herstellung und Verlag: BoD – Books on Demand, Norderstedt

ISBN: 9783750419957

„*Der Leser ist machtlos dem Gedicht ausgeliefert*
und merkt erst beim Lesen, was er liest."
(nach W. Hedinger)

Inhalt

I

AUS DEN FUGEN **199**

V

VORWORT

Ausgerechnet Gedichte

Gibt es in der Schriftstellerei etwas Unpopuläreres als das Verfassen von Lyrik? Zugegeben, sie ist weder in Bestsellerlisten vertreten noch wird sie von der breiten Masse als sonderlich anspruchsvoll empfunden. Vielfach genießt das Gedicht den Ruf des Altbackenen und erscheint mancherorts nur noch als „Spass für alle" bei den unterschiedlichsten Festivitäten – die Hauptsache ist hierbei, dass es sich am Ende reimt. Aber, kommt es wirklich darauf an? Gibt es nicht zahlreiche Beispiele, welche die Vielfalt, den Tiefgang, aber auch die Komik von Lyrik zeigen? Vor allem die komische und hintersinnig humoristische Lyrik stand und steht mir besonders nahe (etwa Erich Kästner, Robert Gernhardt, Mascha Kaléko, aber auch Friedrich Stoltze und Lothar Zenetti). Darüber hinaus ist die Lyrik die literarische Gattung mit der größten Nähe zur Musik. Meine Anfänge als Verfasser von Lyrik liegen daher auf dem Gebiet der Liedtexte (Neues Geistliches Lied) sowie des Oratoriums. Auch erste Gedichte entstanden.

Mit dem Beginn des Jahres 2018 entschloss ich mich – nach dem Vorbild Theodor Kramers – täglich ein Gedicht zu schreiben. Die gewählten Themen sind dabei ebenso unterschiedlich wie die lyrischen Formen. Was für mich zunächst eine Übung war, entwickelte sich schnell zu einer Leidenschaft, die bis zum heutigen Tag anhält. Die Inhalte meiner Gedichte wirken tagebuchartig, sie spiegeln persönliche Stimmungen und Interessen ebenso wider wie auch tagespolitische Themen. Ein wichtiges Element in meinen Texten ist die Frankfurter Mundart, der ich nicht nur durch meine Herkunft tief verbunden bin. „Jede Provinz liebt ihren Dialekt, denn er ist doch eigentlich das Element, in welchem die Seele ihren Atem schöpft", lautet eine Äußerung Johann Wolfgang von Goethes. Wo wird heute diesem Element noch ausreichend Raum gegeben? Auch hier liegt die Antwort in der Lyrik, denn der Dialekt kommt dieser literarischen Form in besonderer Weise entgegen. Dichtung ist die Konzentration der Sprache auf einen begrenten Raum, die Sprache muss also präzise und aussagekräftig sein. Im Dialekt im Allgemeinen und hier der Frankfurter Mundart im Besonderen redet man, „wie aam de Schnawwl gewachse is" – der Dialekt ist auf eine geradezu entlarvende, um nicht zu sagen erschreckende Weise direkt. Was könnte also besser zur Lyrik passen.

Warum ausgerechnet Lyrik? – Genau deshalb! Die Musikalität, die Bandbreite an Formen, Themen und Stimmungen und schließlich die Direktheit des Dialekts haben mir diese Gattung nahegebracht. Deshalb schreibe ich in erster Linie für mich. Nun aber möchte ich eine Auswahl meiner bisherigen Texte in Buchform vorlegen, manche davon sind bereits auf der Homepage des Autorenduos „AugenOhr", das aus Christina Kupczak und mir besteht, in der Rubrik „Gedicht des Monats" erschienen (weitere Informationen unter www.augenohr-frankfurt.de).

Wenngleich sich, wie ich hoffe, manche erheiternde Verse in dieser Sammlung finden, bin ich mir bewusst, dass manches Gedicht in seiner Aussage die Leser irritieren mag. Da ich von Geburt an fast blind bin, ist der Umgang mit Menschen mit Behinderung bzw. mit Menschen am Rande der Gesellschaft immer wieder ein Thema bei mir – einige dieser Aussagen sind zweifellos unpopulär, auch ist es möglich, dass mein Humor nicht jedermanns Sache ist. All diejenigen, auf die das zutrifft, lade ich ein, noch einmal einen Blick auf den Titel dieses Buches zu werfen. Eng damit verbunden ist auch das, dem Inhaltsverzeichnis vorangestellte Zitat. Hierbei handelt es sich um eine Leserreaktion auf ein Sonett Robert Gernhardts. In ihrer Simplexität erfasst sie nicht nur das „Geheimnis aller Literatur", wie es Gernhardt formulierte, es trifft auch die Kernaussage dieses Buches: Wer sich auf diese Texte einlässt, muss auch mit ihnen leben – es kann sich keiner darüber beschweren, nicht gewarnt worden zu sein.

Die Texte sind in vier Abteilungen gegliedert: „Aus dem Leben" befasst sich mit Situationen und Erlebnissen des Alltags, „Aus dem Glauben" spiegelt meine katholische Prägung wider, „Aus der Kunst" verweist auf die Inspiration durch Literatur aber auch Musik, in „Aus den Fugen" schließlich sind Absonderlichkeiten aller Art versammelt, eben Dinge und Gedanken, die unser Leben „aus den Fugen" bringen können.

Mein abschließender Dank gilt Christina Kupczak für den stetigen inhaltlichen Austausch und das Lektorieren dieses Buches, das für mich ein großer Gewinn war, sowie für die Zeichnung der wunderbaren Karikaturen in diesem Buch. Ebenso gilt mein Dank Gernot Gottwals für sein akribisches Korrektorat und die wertvollen Hinweise bei der Verschriftung der Frankfurter Mundart. Ich wünsche Ihnen nun viel Freude beim Lesen.

Glashütten, den 1. Oktober 2019

Lutz Riehl

AUS DEM LEBEN

Selbstauskunft

Als meiner Eltern zweites Kind
bin ich gebor'n in einer Stadt,
die als ein Ort der Sommerfrische
viel Prominenz gesehen hat,
Station war sie für Richard Wagner
nach seiner Rückkehr vom Exil,
und Mendelssohn-Bartholdy wählte
zwei Sommer diese Stadt als Ziel.

Dass ich grad diese Fakten nenne,
ist schon ein Teil meiner Person,
denn die Musik ist mir sehr wichtig,
in schweren Zeiten Schutzpatron.
Denn sie ist eine Kunst für Ohren,
auch dies ergibt hier durchaus Sinn,
bin ich doch darauf angewiesen,
weil ich fast blind geboren bin.

Der Zustand hat sich leicht verbessert,
„fast blind" trifft's dennoch sehr genau,
so muss ich durch den Alltag gehen,
deshalb ist meine Welt nicht grau
und auch nicht schwarz, denn bunte Farben
sind nicht rein optisch zu versteh'n.
Fehlt's mir auch an dem Blick nach außen,
so kann ich gut nach innen seh'n.

Für viele ist's nicht zu begreifen
und wenn es schließlich doch passiert
ist man verblüfft im besten Falle,

doch weitaus öfter noch schockiert.
Zum Teil erweckt das wohl Bewunderung,
nur merkt man leider mit der Zeit,
bei jenen mit Schubladendenken
erweckt's schlussendlich nichts als Neid.

Die Kunst, mit Worten umzugehen,
sie ist mir reichlich zugedacht,
sei's mit der Zunge, mit der Feder,
man merkt, dass es mir Freude macht.
Das einzige, was mich verärgert
und mir so manchen Tag vermiest.
Am liebsten schreibe ich halt Lyrik –
das ist das Zeug, was keiner liest.

Der Ort, in dem ich aufgewachsen,
ist der, in dem ich jetzt noch woh'n,
ein Kaff würd ich es jetzt nicht nennen,
aber ein Dorf, das ist es schon.
Zwei Supermärkte, ein paar Kneipen,
ein Allzweckladen, Gott sei Dank,
auch ein Cafè, sowie zwei Kirchen,
doch gibt es weder Post noch Bank.

Die Leute sind wie allerorten,
mal grob und auch mal liebenswert,
mal klug, mal hemmungslos bescheuert
und unterm Strich doch nicht verkehrt.
Die Politik im Kommunalen
ist jedoch ganz wie in Berlin:
Klaut wer dem anderen das Förmchen,
schmeißt der vor Wut sein Schippchen hin.

Ich selbst komm aus recht gutem Hause
mit stark katholischer Gravur,
die Eltern taten für uns alles
und war es nötig, war'n sie stur.
Das hat, wie alles, stets zwei Seiten,
es half, war manchmal hinderlich,
doch wenn man's unterm Strich betrachtet
bin ich zufrieden sicherlich.

Auf meinem ganzen Lebenswege
war'n Hunde ein Continuum,
vier haben uns bisher besessen,
ich hoff, die Zeit ist noch nicht um.
Wie jeder Mensch hab ich auch Laster
und bin dem Essen zugetan,
doch führte dies jetzt in die Breite,
damit fang ich erst gar nicht an.

Es hat sich in den letzten Jahren
in dieser scheinbar kleinen Welt,
Frankfurt als neue große Bühne
mit einem Mal dazugesellt.
Auch da spinn ich so meine Fäden
und stell fleißig Kontakte her,
so wächst von Tag zu Tag das Leben
und Freude daran mehr und mehr.

So lebe ich mit Orgelspielen,
schreib Lyrik und erklär Musik,
das ist, betrachtet man's in Summe,
ein Vorgeschmack vom großen Glück.
Nie war ein Opfer ich von Kriegen,

musst niemals aus der Heimat flieh'n,
was Leid sein kann, hab ich erfahren,
und selbst dort liegt ein tiefrer Sinn.

Wollt ihr noch mehr von mir erfahren,
dann lest was ich geschrieben hab,
in mir hab ich mich selbst verborgen,
und nehme an, ihr nehmt's mir ab.
Ein Leben, so wie manches andre,
und doch einmalig, so geschenkt.
Mehr gibt es zu mir nicht zu sagen,
klug ist, wer sich das Weitre denkt.

Über Blindheit

Blindgänger,
Blindflug,
blinder Fleck,
blinder Passagier,
blindes Huhn,
blinde Kuh,
und du?

blind copy,
blinde Wut,
blinder Hass,
blindes Vertrauen,
blinder Hesse,
blindes Glas,
sonst noch was?

Homer,
Vierne,
Longlais,
Charles,
Huxley
Justitia –
alle blind!

Wo der Blick nach außen
die Schau nach innen verstellt,
wo die Innensicht
in die Zukunft verweist,
dort wird Blindheit bei Sehenden
zum Ärgernis.

Der Anfang

Das Nichts ist der Anfang von Allem,
das Tun ist der Anfang vom Sein,
das Hoch ist der Anfang vom Fallen,
das Aber der Anfang vom Nein.

Vielleicht ist der Anfang vom Zagen,
Bescheiden der Anfang von schlicht,
der Mut ist der Anfang von Wagen,
das Dunkel der Anfang vom Licht.

Der Friede ist Anfang von Freundschaft,
doch Missgunst der Anfang vom Neid,
ein Mensch ist Anfang von Gemeinschaft,
und Unrecht der Anfang von Leid.

Die Enge ist Anfang der Weite,
das Jetzt ist der Anfang vom Hier,
die Hoffnung ist Anfang der Freude,
und du bist der Anfang von mir.

Habbe Se schon emal…

Habbe Se schon emal nachgedacht?
Falls naa, dann fange Se an!
Manschmal isses en klaane Gedanke,
der alles verännern kann.

Habbe Se schon emal hiegeguckt?
Falls naa, dann werd's awer Zeit!
Wer mit offne Aache des Lewe betracht,
verhinnert so mansches Mal Leid.

Habbe Se schon emal zugeheert?
Falls naa, dann mache Se's doch.
E offenes Herz un e offenes Ohr
holt aam aus em seelische Loch.

Habbe Se schon emal mitgemacht?
Falls naa, dann duu'n Se merr leid!
Gebraacht zu sei'n is e scheenes Gefühl
un im Lewe die greeßte Freud.

Ode an das Beleidigtsein

Gesang einer beleidigten Leberwurst

Ach, wie schön ganz allgemein
ist doch das Beleidigtsein,
weil es, gar nicht mal verkehrt,
einem rasch die Welt erklärt.

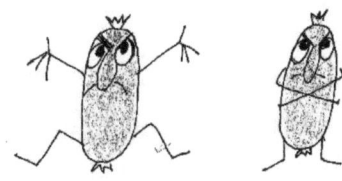

Die gibt's nur in Schwarz und Weiß,
dafür braucht's keinen Beweis,
Logik ist hier ohne Sinn,
weil ich ja beleidigt bin.

So zu sein heißt: Ich hab Recht,
alles andere ist schlecht,
sowieso sind unterm Strich
eh die meisten gegen mich.

Doch das macht nichts: die sind blöd,
hirngewaschen, wie ihr seht.
Und den Durchblick ganz allein
hab' nur ich, so soll es sein.

Auch bei mir, da gibt es Jünger,
und die blasen guten Dünger
mir in Ohren und Gedanken,
mich bringt so schnell nichts ins Wanken.

Wer fragt schon nach großen Dingen,
so etwas wird nie gelingen.
Überschaubar muss es sein,
daher bleibt's am besten klein.

Wer sich an Visionen hängt,
wird von mir rasch abgedrängt,
Der soll – da hilft auch kein Fluchen -
besser einen Arzt aufsuchen.

Ach, wie schön ganz allgemein
ist doch das Beleidigtsein,
denn man macht sich seine Welt
grade so, wie sie gefällt.

Und, wenn wer was andres denkt,
sag ich einfach nur: Geschenkt –
für Vernunft, Realität
ist es ohnehin zu spät.

Wahrheit

Zum 75. Todestag von Hans und Sophie Scholl

Die Wahrheit
ist manchmal
nur ein Flugblatt
entfernt.

Die Wahrheit -
unausgesprochen,
aber nicht
ungelesen.

Die Wahrheit
trifft Schweigen,
doch manches Mal
Rückgrat.

Die Wahrheit
ist mutig
und ihr Preis
oftmals sehr hoch.

Die Wahrheit
ist tödlich,

der Tod ist
meisterlich deutsch.

Der Tod
ist manchmal
ein Flugblatt
entfernt.

Die Wahrheit
liegt letztlich
nicht im Tod,
nur im Leben.
Die Wahrheit
lebt weiter,
wenn der Tod
abmustert.

Die Wahrheit
überdauert
jedes Unrecht,
auch vor Gericht.

Die Wahrheit
ist unser Urteil,
manchmal nur ein
Flugblatt entfernt.

An die Einfältigen

Für euch ist alles in Schwarzweiß gestaltet,
dazwischen nichts – so wie es sich gehört.
Die Welt ist ein Betrieb, den man verwaltet,
weil alles andere letzten Endes stört.

Das Denken ist schon lange aus der Mode,
und wenn man morgens in den Spiegel schaut,
dann schämt man sich am besten gleich zu Tode,
weshalb sich kaum noch jemand sowas traut.

Da schaut man lieber gleich auf sich alleine,
so wird man sich zum eignen Horizont,
und der Verstand kommt an die kurze Leine,
weil sich die ganze Mühe eh nicht lohnt.

Ihr schweigt nur still und lasst die andern schuften,
man blickt einander nicht mehr ins Gesicht.
Selbst Scheiße würde stark nach Moschus duften,
solang ein Mönch den Segen drüber spricht.

Ihr setzt euch vorne dran, doch könnt nicht lenken,
denn allzu einfach habt ihr's euch gemacht.
Manch anderer wird sich seinen Teil wohl denken:
Man könnte weinen, wenn man drüber lacht.

De Pandoffelheld

Szenen einer Ehe – erster Teil

Seit Jahr'n, da wohn isch
dehaam unnerm Disch –
isch habb' misch demit arrangschiert.
Un wann isch was saach,
dann werd des, kaa Fraach,
von meiner Fraa sofort parriert.

Im Verein un im Haus,
da kenn isch misch aus,
dann da bin isch in meim Element.
sing im Chor, bastel, koch,
rebarier mansches noch,
un mei Fraa – ei die führt's Regiment.

Friehjer war isch allaa;
die schleppt misch vor'n Aldaar:
Dreimal habb isch „Naa" zurer gesaacht.
Awer plötzlisch hat sie
e paar Monat zu frieh
e Kindsche zur Welt gebracht.

Un was druff geschah?
Na, isch war bleed draa,

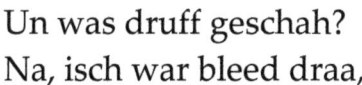

un ferr sie war's en deutlische Siesch.
Drum saach isch aach klar:
Mir feiern dies Jahr
jetzt de Dreisischjährische Kriesch!

Dann kame im Nu
noch mehr Kinner dezu,
spät'stens da hat isch es kapiert:
Du hängst ferr de Rest
von deim Lewe hier fest. –
An dem Punkt habb' isch resigniert.

Desdewesche leb isch
dehaam unerm Disch,
un duu misch da besser net rühr'n.
Isch renn, mescht sie „Buh",
ei, dann habb' isch mei Ruh,
inne drin duu isch eh nix mehr spür'n.

Domina

Szenen einer Ehe – zweiter Teil

Dreisisch Jahr, was willste mache,
sin merr ehelisch liiert;
des Konzept von dere Sache
hat bisher guud funktioniert.

Isch bin Domina, er Sklave;
mescht er net so, wie isch will,
ei, dann duu isch en bestrafe,
Resuldat gibt's nor mit Drill!

Bettgeschischde un so Bosse,
die erspar isch eusch jetzt glatt,
weil der hat schon längst verschosse
all des Pulver, wo er hat.

Er is aal un schon in Rente,
rescht behäbisch un arsch fett.
Wollt der so, wie isch noch könnte,
dann ging's awer rund im Bett.

So habb isch uff Haushaltsdinge
mei Gelüste konzendriert.
Wann isch „Hopp" saach, muss er springe;
glaabt merr's nor, des funktioniert!

Geld beischaffe, renoviere
un aach koche, der mescht viel.
Ja, den kann merr guud dressiere,
sowas habb isch im Gefühl.

Sitzt er mal ruhisch in de Ecke,
dann erheb isch nor mei Stimm,
schon beginnt er uffzuschrecke
un nimmt mei Befehle hin.

Wer ferr uns Freund odder Feind is,
des bestimm nor isch allein,
sowas is net sei Befuuchnis,
der soll brav un folgsam sein.

E Revolde aazufange,
geesche misch? Glaabt's nor, ihr Leut,
da däät der sisch e paar fange!
e paar Mal war's schon soweit.

Niemals würd er misch verlasse,
halt en Trottel, pflischtbewusst;
maach er misch aach hamlisch hasse:
Alles geht nach meiner Lust!

Zwischen zwei Deckeln

Zum Tag des Buches

Wissenswertes,
Liebenswertes,
Staunenswertes,
Unbeschwertes,
Erschütterndes,
Verschüttetes
Aufrüttelndes,
Empfindliches:
Zwischen zwei Deckeln –
die ganze Welt.

Bescheuertes,
Überteuertes,
Unerwähntes,
Unverschämtes,
Altbekanntes,
Nahverwandtes,
Angewandtes,
Nichtgenanntes:
Zwischen zwei Deckeln –
mal hoch und mal tief.

Schlechtgeschriebenes,
Übertriebenes,
Stummgebliebenes,
Abgeschriebenes.
Kunstvollgestaltetes,
Strengverwaltendes,
Kleingehaltenes,
Reingehaltenes:
Zwischen zwei Deckeln –
doch Lesen tut weh!

Schuld

Das Kind ist im Brunnen,
die Flinte im Korn,
der Käse gegessen,
die Messe gelesen.
Jetzt gibt es ein Klagen,
man hört immer sagen:
„Von uns ist es keiner gewesen."

Das Tischtuch zerrissen,
die Gräben zu tief,
man fängt an herum zu meandern,
Probleme versteh'n es, zu wandern.
Man kann nur beschwören,
so ist es zu hören:
„Das war'n wir nicht sondern die andern."

Zerstör'n ist nicht schwer,
Aufbau'n umso mehr,
drum ist es schick, jene zu hassen,
die sich auf das letzt're einlassen.
Die, die alles vernichten,
am Ende berichten:
„Wie hat man uns im Stich gelassen."

Vom Sinn des Menschen

Wer immer auf
die Menschen zählt,
der geht schnell irr
in dieser Welt.

Der Mensch ist,
das hat man entdeckt,
ganz in Vollendung
unperfekt.

Denn Perfektion,
das ist zu spür'n,
kann schnell zu
Langeweile führ'n.

Doch hat der Mensch,
wer will's bestreiten,
gelegentlich auch
gute Seiten.

Nicht nur im Glanze,
auch im Mist
zeigt sich der Mensch
erst wie er ist.

Die eine Frage
scheint beliebt:
Ist's sinnvoll, dass
es Menschen gibt?

An Antworten
gibt's vielerlei,
und diese ist
auch mit dabei.

Als Gott die Menschheit
bracht hervor,
war's auch ein Zeichen
von Humor!

Fleschel – ganz owwe

Der Mensch, des is en Fleschel;
zwar gib's defür kaa Reschel,
doch kann merr's aus de Nähe
halt immer wieder sehe.

Er guggt, was annern mache;
un dene ihre Sache
verkaaft merr als sei eischne,
duut lüsche un aach leuschne.

Uff Lorbeer'n duut er spitze,
will als ganz vorne sitze,
gibt's dann aach noch e Ehrung,
dient's nor saam Stoltz zur Mehrung.

Merr hebt en in de Himmel,
doch sitzt en Haufe Schimmel
discht unner de Fassade,
des muss uff Dauer schade.

Un viele Jahre später,
da sieht merr beim Wohltäter,
zum Schreck der annern alle,
die scheene Maske falle.

Damit er owwe stehe,
musst erst so manscher gehe,
den hat er net gebete,
sondern ihn weggetrete.

Die Lebenswerkgestaltung
zeischt intrigante Haltung,
so manscher Hochgelobte
is nix als en Bekloppte.

Sündenbock

An der New Yorker Börsenpanik,
am Untergehen der Titanic,
am Tod von Arthur Schopenhauer,
am Aufbau der Berliner Mauer,
an Drogen, Mord und Babystrich
ist einer schuld nur – nämlich ich.

An starken Alkoholexzessen,
an sämtlichen Gerichtsprozessen,
am Scheitern der Nahostdebatten,
an über dreißig Grad im Schatten,
an jedem stark gepanschtem Wein
ist einer schuld – ich ganz allein.

An erektilen Dysfunktionen,
am Niedergang der Religionen,
auch am globalen Klimawandel,
der Stagnation im Einzelhandel,
an Fukushima, Tschernobyl,
da bin ich schuld – weil man's so will.

An denen, die nur Blödsinn schwätzen,
die stets sich über andere setzen,
die, statt zu heilen, nur verletzen,
ihr Können ständig überschätzen

und immer missverstanden werden –
da bin allein ich schuld auf Erden.

Herr Beethoven hat einen Knick

Gedanken zu einer Beethoven-Zeichnung
mit großem Eselsohr

Herr Beethoven hat einen Knick.
Wie ist das nur passiert?
Man hat sein Bild – welch Missgeschick –
fahrlässig transportiert.

Herr Beethoven hat einen Knick,
so etwas kommt mal vor.
Jetzt hat das unt're, rechte Stück
vom Bild ein Eselsohr.

Herr Beethoven hat einen Knick,
bestimmt wird's ihn nicht stör'n.
Was hier zählt, ist sein dunkler Blick,
denn er kann ja nichts hör'n.

Herr Beethoven hat einen Knick –
das lässt sich reparier'n.
Man kriegt ihn schön gerahmt zurück,
dann kann er Wände zier'n.

Herr Beethoven hat einen Knick,
was mir sehr gut gefällt,
er steht in diesem Augenblick
symbolisch für die Welt.

Noch nicht

Bei einem Eiskaffee im Cafe Hauptwache in Frankfurt

Ein jeder Vers, den ich noch nicht geschrieben,
ist keineswegs für alle Zeit verlor'n;
vorläufig noch im Hintergrund geblieben,
wird er vielleicht doch eines Tags gebor'n.

Ein jedes Lied, das ich noch nicht gesungen,
wer sagt euch denn, dass es für immer schweigt?
Womöglich ist es längst in mir erklungen,
man wartet nur darauf, dass es sich zeigt.

Auch der Gedanke, der noch nicht gekommen:
Wo steht geschrieben, dass es ihn nicht gibt?
Ob er erscheint, das bleibt ihm unbenommen,
weil er allein die Überraschung liebt.

Und alle Tränen, die noch nicht geflossen,
ich nehme sie im Leben gern in Kauf.
Doch werden sie nicht jederzeit vergossen, -
sie spare ich für das Besondre auf.

Und all das Lachen, das noch unterblieben,
ich hoffe sehr, dass es nie fehlen mag;
mit ihm wird jeder Teufel ausgetrieben,
drum such das Lachen ich an jedem Tag.

Festtagsdichtung

Gedanken eines Lyrikers bei einer Geburtstagsfeier

Fröhlich ist die Festgemeinschaft,
sattgefuttert all die Weil,
doch auf das Verdauungsschnäpschen
folgt der Unterhaltungsteil

Jubilare muss man ehren,
ob sie wollen oder nicht,
daher schreiben Angehör'ge
leider gerne ein Gedicht.

Schreiben? – Das ist übertrieben,
denn *verbrechen* trifft es mehr.
Hauptsache, am Ende reimt sich's,
alles andre macht nicht's her.

Dann wird's auch noch vorgetragen,
viel zu laut und schlecht betont;
das schlägt auf den vollen Magen,
heute wird niemand verschont.

Gut, da gibt's auch manchmal Schönes,
feinsinnig und nett erdacht,
aber meistens ist es jenes
andere, was Kummer macht.

Dieses alles lässt sich steigern,
wird ein Lied neu austexttiert.
Willst das Singen du verweigern,
wird das niemals akzeptiert.

Um die Sache abzurunden,
werden Fotos rumgezeigt
aus so manch versoff'nen Stunden –
Kinder, wie die Galle steigt.

Eines bleibt für mich unfassbar,
geht mir in den Kopf nicht rein:
Schlechtes Dichten ist nicht strafbar –
Ach, die Welt ist so gemein.

Nach de Vorstellung

Gedanken über den Ausspruch einer Besucherin nach einer Auffüh-
rung des Stücks „Wie im Himmel" bei den Festspielen in Heppenheim

Der Abend heut war rischdisch schee,
es hat merr guud gefalle,
doch, so wie isch die Sach hier seh,
gilt des längst net ferr alle.

Des Ganze is en bunte Mix,
gelunge die Geschdaldung,
nor ferr mein Mann, da war des nix,
der maach mehr Unnerhaldung.

Die Sach war intellektuell,
da hilft nor mitzudenke,
bei mei'm Mann geht des net so schnell,
den muss merr leider lenke.

Des Spiele, Singe war ganz doll,
da gab's viel an Verwandlung,
mein Mann kapiert net, was des soll,
der maant, da wär kaa Handlung.

Theater, Sommer, open air,
da ging nor was zum Lache –

mein Mann maant, dass des sinnvoll wär,
anstatt so schwere Sache.

Wer sommers ins Theater geht,
un hockt sisch in die Gasse,
dem is Mitdenke viel zu bleed,
der lässt sisch nor bespaße.

Wittgenstein - umgekehrt

Worüber man
nicht schweigen kann,
darüber muss man sprechen.

Fängt's irgendwann
im Kleinen an,
beginnt es aufzubrechen.

Denn legt der Wahn
das Denken lahm,
so ist das ein Verbrechen.

Bricht sich die Bahn
die Dummheit dann,
wird sich das bitter rächen.

Lies ein Buch
Zum Lies-ein-Buch-Tag

Lies ein Buch – doch bloß nicht jedes,
wähl ein kluges und kein blödes,
nimm nicht allen Schrott zur Hand
und entscheide mit Verstand.

Lies die Bibel, den Talmud,
Buddhas Lehren sind auch gut,
Shakespeare, Schiller, Wittgenstein,
Goethe darf es auch gern sein.

Lies Kaléko, Brecht und Gernhardt,
Erich Kästner und Heinz Erhardt,
Heinrich Heine, Eichendorff,
Ringelnatz, Busch und Rühmkorf.

Hermann Hesse, Böll und Frisch,
Dürrenmatt? – Auch sicherlich!
Und man lese, wenn man kann,
möglichst viel von Thomas Mann.

Lese Grass und den Stechlin.
Finger weg von Sarrazin,
von Demokratiezerstörern,
Besserwissern, Weltverschwörern.

Doch lies auch mal Hitlers „Kampf",
dann verstehst du, welcher Dampf
stark in die Gesellschaft drängt
und sie, Gott verhüt's, zersprengt.

Lese, wer mit weitem Blick
kommentiert unser Geschick,
Stefan Zweig und Carl Zuckmayer,
beide halte lieb und teuer.

Stephen King und seinesgleichen
können auch sehr viel erreichen,
denn dadurch sieht jeder ein,
Lesen kann sehr spannend sein.

Lese gern und nicht nur heute,
lies auch vor für andre Leute.
Es ist Segen und nicht Fluch –
Mach was draus, und lies ein Buch!

Hessisches Elend, hessisches Glück

Was for Zeusch kimmt all aus Hesse,
is merr kürzlisch uffgegange.
Mansches kannste glatt vergesse,
brauchst net devoo aazufange.

Dann in Orschel[1] stand die Wiesche
leider von de AfD.
Mensch, da denkt merr, soll isch lüüsche,
des wär besser net gescheh'.

Un der Mist, der da gegoore,
werd jetz von em Kerl serviert,
der in Frankfort sisch die Spore
hat erworbe – des bassiert.

Von der selb Fraktion en Störer
mescht heut Thüringen kaputt –
der war hier in Hessen Lehrer,
ei, da kriehste escht die Wut.

Doch politisch, muss merr saache,
da war bei uns als was los.
Hier hat merr sisch guud geschlaache,
es Erreischte is famos.

---

[1] Gemeint ist hier die Stadt Oberursel im Taunus

Grün is heut des Maaß der Dinge
un in Deutschland anerkannt,
die Premiere dääd gelinge,
wo? – Bei uns im Hesseland.

Mit de Rote hat's begonne,
erstmals wurde koaliert,
als die SPD zerronne,
hat merr sisch mit Schwazr liiert.

Un aach des zuerst in Hesse!
Gab's e solsche Liäson
annerswo, merr konnt's vergesse,
bei uns hat des Tradition.

Schon im neunzehnte Jahrhundert,
des Paulskerscheparlament,
hat in Frankfort merr bewunnert.
Vielleischt war's en erste Trend.

Die Geburtsstund der Satire,
sie is aach bei uns verbucht;
jeder duut derr des quittiere,
der nach Friedrich Stolze sucht.

Ach, mir hawwe große Könner:
Goethe un de Hindemith,
aach die Grimms, die Märschekenner.
Wer hält dademit noch Schritt?

Doch als Fazit bleibt was Eschdes:
Hesse, des is iwerall.
Mal gibt's Guudes, mal gibt's Schlechtes –
un des stimmt uff jeden Fall.

Chronos

Beim Anblick einer Replik der Chronos-Figur
von Franz Ignaz Günter

Was ist die Zeit?
Ein Sichelschnitt,
ein Sandkorn,
ein Flügelschlag,
erschreckend schön.

Was ist das Leben?
Am Faden hängend,
stetig verrinnend,
manchmal federleicht –
alles in allem.

Was ist Lebenszeit?
Schweben und Flattern,
ein Graben im Sand,
am Ende die Ernte –
eben so oder so.

Ganz egal wie,
am Ende
wird der Faden durchtrennt,
steht das Stundenglas still,

vom Flug hin zur Landung –
bei allen ist's gleich.

Nebel

Wattebäusche hängen klamm
die Straßen und die Gassen lang,
trüben nachts milchgleich das Licht,
alles andre siehst du nicht.

Mancher altvertrauter Pfad
wird dir so zum schmalen Grat,
was du Heimat noch genannt
ist nun unbekanntes Land.

Selbst der kurze Weg nach Haus
sieht mir fremd und düster aus,
kalte Luft drückt feucht und schwer,
immer wieder, mehr und mehr.

Doch ich weiß in aller Stille,
unter dieser fremden Hülle
liegt Vertrautes doch verborgen,
also kein Grund, sich zu sorgen.

Hier ist es wie oft im Leben,
es muss auch Fassaden geben:
Unter dem, was uns scheint fremd,
ist meist nur ein altes Hemd.

Politiker

Der Kindergarten hat durchgehend offen,
auf seinem Eingangsschild steht „Politik",
kommt da was Gutes raus, so ist das Glück,
ansonsten macht das Resultat betroffen.

Die Insassen, sie scheinen wie besoffen,
zum Teil von sich, zum Teil von Ungeschick,
am Ende bricht es ihnen das Genick,
es hat nur keinen Sinn, darauf zu hoffen,

denn schließlich müssten wir die Zeche zahlen,
die sie zuvor recht unverschämt geprellt,
da braucht man sich nicht Vieles auszumalen,

es wird nie das versprochen, was man hält,
man sieht sie nur mit Unvermögen prahlen,
sie sind so gut – und schlecht ist nur die Welt.

Leben

Geburt,
Wachsen,
Begreifen,
Reifen,
Lernen,
Entfernen,
Finden,
Gründen,
Wiederkehren,
Vermehren,
Weitergeben,
Streben,
Streiten,
Bereiten,
Zurücktreten,
Beten,
Beraten,
Warten,
Bereuen,
Erfreuen,
Vererben,
Sterben.

Und dann…?
Fängt was Neues an.

Schrecklich gerecht

Es scheint das Schrecklichste im Leben,
wenn niemand wird dir all das geben,
was du dir so sehnlichst wünschst.

Es ist das Schrecklichste im Leben,
wird man dir all das reichlich geben,
was du dir heimlich oft ersinnst.

Doch das Gerechteste im Leben
besteht darin, wird dir gegeben,
nur jenes, was du auch verdienst.

Heute endlich... - schon?

Heute aus dem Haus gekommen?
Heute schon was unternommen?
Heut bereits die Welt verbessert?
Heut die Blumen frisch gewässert?

Heute gut und viel gegessen?
Heut bestimmt auch nichts vergessen?
Heute schon was investiert?
Heute bitter resigniert?

Heut ein Angebot erhascht?
Heut schon eine Frau vernascht?
Heut die Zeitung durchgelesen?
Heut schon im Büro gewesen?

Heut wieder total verschlafen?
Heute andere bestrafen?
Heute ein Komplott betrieben?
Heut schon ein Gedicht geschrieben?

Heute schon auf morgen hoffen?
Heute, wie sonst auch, besoffen?
Heute wieder neue Schulden?
Heute mal kein Unrecht dulden?

Heute endlich mal nicht spinnen?
Heut mit der Diät beginnen?
Heute einmal dürfen müssen?
Heute endlich sich entschließen?

Heute auf die Pauke schlagen?
Heute mal die Wahrheit sagen?
Heute endlich sich bemühen?
Heut die Konsequenzen ziehen.

Heute schon, das macht mir Sorgen. –
Wird's heut nichts, dann sicher morgen.

Der Umwelt zuliebe

Nach einem Ausspruch von Harald Lesch bei „Anne Will"
(31.3.2019), wonach es viel Unheil verhindern kann, sich nicht zu be-
wegen.

Ich lege jetzt bequem die Füße hoch,
ab heute, da wird auch nicht mehr gebadet,
weil jegliche Bewegung eben doch
der Umwelt auf fatale Weise schadet.

Ich gehe um's Verplatzen nicht mehr raus
und scheue jegliche Art der Bewegung,
dann lösche ich das Licht im ganzen Haus,
rein umwelttechnisch ist meine Erwägung.

Auch in der Küche spar ich Energie'n,
der Tee bleibt kalt und pfeift nicht mehr im Kessel.
Auf dass nicht Treibhausgase in die Höhe zieh'n,
furz ich hinfort gepflegt in meinen Sessel.

Den Umweltschutz, den hält man nur in Ehr'n,
wenn man Bewegung jeder Art vermeidet.
Es bleibt die Frage: Wird sich das bewähr'n?
Wie ich's mach, wisst ihr jetzt: also, entscheidet!

Die Ballade vom Kreislauf

Es war vor ziemlich langer Zeit,
zumindest weit entfernt von heut,
ein König, der war taub und blind,
so wie nun Herrscher einmal sind.

Es ging ihm erst einmal um sich,
da war er unerschütterlich.
Was immer ihm zum Vorteil kam,
das nahm er auch stets dankend an.

Na gut, das war nur ein Gerücht,
denn dran zu danken, dacht er nicht,
er dankte weder lang noch knapp
und dankte leider auch nicht ab.

Stattdessen war er drauf erpicht,
dass man ihm pudert das Gesicht,
da das nicht reichte alldieweil,
tat man's auch mit dem Gegenteil.

An dem ging ihm sein Volk vorbei,
das war ihm alles einerlei,
das war zu Gärten und Palast
ihm nur ein unnützer Balast.

Es regte sich beim Volk der Zorn,
man schloss die Reihen, stieß ins Horn,
so kam der Umsturz über Nacht,
der König wurde kaltgemacht.

Nun fand im Volk Demokratie
an allen Orten Sympathie,
Regierung, die wird jetzt gewählt,
weil so der Volkeswille zählt.

Da sei der Missbrauch ausgeschlossen,
man glaubte daran unverdrossen,
doch jene edlen Volksvertreter
erwiesen sich als Missetäter.

Es zeigte sich mit einem Mal,
das, was man sagte vor der Wahl,
danach, weil es ja kein Beschluss,
nicht zwangsläufig auch gelten muss.

Das Lied war alt, die Sänger neu,
man schaute rasch am Volk vorbei
und daraus wuchs dann ungelogen
die Stunde für die Demagogen.

„Politiker sind alle gleich,
regieren wir erst mal im Reich,
wird man auf Volkes Stimme hören" –
Das alles diente zum Betören.

Sie war'n gewählt, doch keine Spur
vom Volkswillen, nur Diktatur,
weil jeder, der Versprechen schenkt,
am liebsten an sich selber denkt.

Ob König oder Populisten,
fest steht, dass wir erkennen müssten.
Am Ende dreht sich nur im Kreis
doch alles um den gleichen Scheiß.

Praktische Ratschläge

Im Heitern – lachen,
beim Dunkeln – wachen,
die Angst – nicht scheuen,
im Stillen – freuen,
Angriff – parieren,
Leben – riskieren,
in Trauer – weinen,
was Schönes – träumen,
mit Freunden – feiern,
sich selbst – erneuern,
bei Flaute – fächeln,
beim Singen – lächeln.

Mairegen

In graugrünen Schwaden,
durchzogen von Wasserfäden,
geht der Mai, tief gebeugt,
übers Land.

In Farben des Herbstes gekleidet,
als gelte es, ein Requiem zu musizieren,
zeigt sich der Frühling
mit flutenden Gaben.

Die Wärme findet nur innen statt,
wenn uns die Frische in Kühle erschlägt,
doch wird sie zum Vorrat für trockene Zeiten,
denen wir stetig entgegensehen.

Wo der Himmel die Erde reich überschwemmt,
ohne die Fülle zu übertreiben,
damit wir dann haben, wenn es uns fehlt,
dort herrscht Frühling – in all seiner Pracht.

Tag der Freiheit

Über den Vatertag

Es ist der Tag, an dem die Männer von der Leine dürfen,
an dem sie Bier, auch Schnaps und was weiß ich noch schlürfen,
und sind sie schließlich – sieht man's nüchtern – hackebreit,
so ist das ein Moment der guten alten Zeit.

Es ist der Tag, an dem die Stammtischreden neu erblühen
und noch einmal beständig ihre Kreise ziehen,
denn dort, wo Politik versagt, wird über Nacht,
wohl mancher Vorschlag zur Verbesserung gemacht.

Es ist der Tag, an dem man episch große Pläne schmiedet,
bevor man niedersinkt, vom Alkohol ermüdet,
denn daran zeigt sich allen klar der Lauf der Welt,
das manches Luftschloss rasch in sich zusammenfällt.

Es ist der Tag, an dem die Männer nur sich selbst genügen,
um weitschweifend durch Gott und auch die Welt zu pflügen,
für kurze Zeit erscheinen alle Menschen wirklich Brüder;
das Schöne ist: Im nächsten Jahr treffen sich alle wieder.

Armes Würstchen

Was erwartet ihr vom Leben?
Mehr noch, als ein leichtes Beben?
Mehr gar, als ein Dach und Essen,
Trinken bitte nicht vergessen?

Ehepartner, zwei, drei Kinder,
einen guten Job nicht minder,
möglichst ohne fiese Trennung,
dazu reichlich Anerkennung.`

Auch, wenn's geht, die Welt bereisen,
sich als toller Hecht erweisen,
der am liebsten oben steht
und den Leuten zeigt, wie's geht.

Keine böse Tat bereuen,
möglichst schwere Arbeit scheuen,
reich sein, aber doch bescheiden
und Konflikte möglichst meiden.

Sich am Schönen zu entzücken,
sich, wenn's eng wird, zu verdrücken,
reichlich vor der Welt zu prassen,
aber andre zahlen lassen.

Ist all das dein erstes Ziel,
gebe ich auf dich nicht viel,
weil du, was die Wahrheit ist,
nur ein armes Würstchen bist.

Das goldene Skalpell

Über mehrfache Augenoperationen

Da meine Augen von Geburt sehr stark geschädigt sind,
war ich Stammgast im Krankenhaus bereits als kleines Kind.
Man hat mich vielfach operiert, erfolgreich unterm Strich,
wenngleich es manchmal schwanken mag, bin doch zufrieden ich.

Doch sind OPs nicht abgehakt für mich, denn jederzeit
ist's möglich, dass sie nötig sind, macht nichts, ich bin bereit.
Ich kenne das Prozedere, ertrug's gut dreißig Mal,
so schnell erschreckt mich dabei nichts, es ist für mich normal.

Die Anmeldung im Krankenhaus ist Alltag schon, ganz klar,
im Sekretariat heißt's nur: „Na, auch mal wieder da?"
Adresse, Kasse und Station – erledigt sich geschwind,
weil alle Daten über mich dort längst gespeichert sind.

Die Vorbesprechung mit dem Arzt läuft meist im gleichen Ton.
„Narkose, Eingriff, alles gut – Sie kennen das ja schon."
Auf der Station bricht Freude aus, wenn mich die Schwestern seh'n:
„Ach, sind Sie wieder mal bei uns, Mensch, das ist aber schön!"

Im Zimmer hab ich Einzelhaft, das ist recht angenehm,
weil Mitpatienten vorderhand mir auf den Zeiger geh'n.

Von Krankheit geht tagaus, tagein bei ihnen das Geseier,
ich schalt auf Durchzug meine Ohr'n, es ist die alte Leier.

Der Tag des Eingriffs ist nun da, du regst dich auf, wirst klein,
doch Lampenfieber ist normal, glaubt mir, das muss so sein.
Bis man mich als geheilt entlässt, wird mir nicht lang die Zeit,
denn ständig bin ich im Gespräch und das mit Heiterkeit.

Den Kaffee trinkt das Personal bei mir im Zimmer glatt,
weil man dort, das ist längst bekannt, viel Unterhaltung hat.
Und selbst die Krankenkasse nimmt die Kosten schweigend hin,
weil ich hier Bonuspunkte hab und längst Stammkunde bin.

Den größten Spaß an der Aktion, den hat die Geistlichkeit,
der Pfarrer hier vom Krankenhaus verbringt bei mir viel Zeit,
weil ich halt gut katholisch bin, genau das feiern wir,
wir reden über Gott und Welt, dazu gibt es ein Bier.

Das ich oft unterm Messer lag, hab ich bereits benannt,
drum hat man eine Ehrung mir schlussendlich zuerkannt:
Für vielfache Aufschneiderei, der Besserung folge schnell,
verleiht die Bundesärzteschaft das Goldene Skalpell.

Vergnügen bringt die Klinik nicht, das sieht wohl jeder ein,
doch soll ich, weil ich dorthin muss, gleich miesepetrig sein?
Gott gab mir eine Frohnatur, das nutz ich kräftig aus,
egal wann, wo, wie und warum - und sei's im Krankenhaus.

Was manschmal hinner de Inklusion steckt

Ei guggemal, wie se hocke,
da bleibt derr kaa Aache trocke,
ach Gott, was for arme Kerlscher des sin,
wie gugge bedröbbelt se als vor sisch hin.
Die sin halt behindert, drum sitze se hier,
herrje, ach, sie könne ja garnix defür.
Ei, da muss merr was mache.

Da hole merr uns so en Simbel,
der wedelt da vorn mit em Wimbel
un alles rennt wie uffgescheuscht hinner her,
als ob des weiß Gott was Besonneres wär.,
un aach noch normale Kinner,
die setzt merr verziehrend dehinner.
Ei, des is doch super!

Dann üwe se Hopse un Tanze,
un was is des End von dem Ganze.
Ja, eischentlisch nix, doch merr nennt's Inklusion,
dann habbe, so sescht merr, all was dadevon,
un due dann bei solsche Sache
am End noch de Reibach mache.
Ei, so läuft des Geschäft.

Vor aller Welt duu'n se sisch brüste,
damit des nor ja viele wüßte,
Behinderte wer'n da nix als wie beduddelt,
mit de Qualidäd awer kräfdisch gehuddelt.
Am Erfolsch, da hat kaaner Intresse,
un trotzdem ruft alles versesse:
Ei, guck nor, wie goldisch!

De dumme Bub

Isch glaab, Sie kenne misch noch net.
Des lässt sisch leischt behewe.
Ferr alle Leut' mach isch de Aff',
schon fast mei ganzes Lewe.
Isch bin de dumme Bub vom Dienst,
mir duud's am meiste schade,
doch ohne misch, des wisse all,
leeft nix hier in dem Lade.

Isch knie misch in die Arweit nei,
habb alleweil Idee,
de annere fällt kaum was ei,
nor will des kaaner sehe.
Weil isch net wie die annern bin –
so is emal die Laache –
wärs gnädisch, des isch hier sei derff,
sonst habb' isch nix zu saache.

Wann's allerdings um's Schaffe geht,
da wär isch zu gebrauche,
ferr kreative Tätischkeit
duun die arsch wenisch dauche.
Isch bin de dumme Bub vom Dienst,
des seschtt merr sisch mit Mühe,

nor duu isch halt im Hinnergrund
an alle Fäden ziehe.

Wenn wer an uns Intresse zeischt,
ob Kinner odder Rentner,
von dene annern will merr nix,
nor mei Gesischt, des kennt merr.
Isch bin de dumme Bub vom Dienst,
des lässt merr misch gerne spüre,
doch geht's um Show un um Kultur,
soll's isch organisiere.

Ganz gleisch welsche Insdidution –
merr kennt misch dort mit Name.
Un wann da wer was von uns wollt,
zu mir se immer kame.
Isch bin de dumme Bub vom Dienst,
druff kann merr sisch verlasse.
Die Lorbeern sacke annern ein –
isch habb se ja gelasse.

Isch bin de dumme Bub vom Dienst;
so manschen daat des freue.
Nor werd merr sowas eines Daachs
aach bidderbees bereue.
Die Welt is net nor Sonneschein:
De Mensch is so gedrechselt,

dess er die best Guudmüdischkeit
mit Dummheit gern verwechselt.

Isch bin de dumme Bub vom Dienst,
des steht ja fest, schlussendlisch
un dess des so ferr immer bleibt
is for die selbstverständlisch.
Merr fräscht: Is des en Einzelfall,
so mit de Leut zu spiele?
Isch steh mit sowas net allein,
bin aaner nor von viele.

Isch bin de dumme Bub vom Dienst,
isch fürscht, s braacht net viel Mühe,
um misch im Alldaach hinnerrücks
grad iwern Disch zu ziehe. –
Doch werd merr älder mit de Jahr'n,
was isch jetzt net bedauer,
un wann merr uffpasst, sischer aach
e ganzes Stücksche schlauer.

Isch bin de dumme Bub vom Dienst. –
Was wär, stell isch die Fraache,
wann's isch endlisch begreife däät,
des kann isch eusch grad saache.
Der dumme Bub quiddiert den Dienst,
un lässt die annern mache –

isch fang wo annersder neu aa,
es gibt so viele Sache.

Doch die den dumme Bub verjaacht,
die zahle jetzt die Zesche,
merr schlachtet seine Einfäll aus
un des bis zum Erbresche.
Jetzt da merr selwer mit de Zeit,
mit seim Ladein am End is,
heißt's: „Die Sach mit dem dumme Bub
war nor e Missverständnis."

Wie gern hätt merr jetzt den zurück,
groß is es Lammendiere,
drum werd versucht, kackfresch un dreist,
den Kerl zu kondakdiere.
„Wie geht's der dann, was machste nor?
Duust du uns gar net brauche?
Jetzt sei mal ehrlisch, denn es kann
dei Lewe so nix dauche."

Isch war de dumme Bub vom Dienst
un hoff, isch konnt was lerne.
Wann disch wer nor zum Schaffe will,
dann sollste disch entferne.
Gott hat derr viel Talent geschenkt,
des musste aach verwende,

doch werf nie Perle vor die Säu,
um's einfach zu verschwende.

Alles muss raus!

Vom übermütigen Rausschmiss fähiger Leute –
im Stil eines Verkäufers vorzutragen.

Leute, passt auf,
schaut einmal her!
Wer da nicht zugreift,
ist tot und nichts mehr.
Alles muss raus,
alles wird neu!
Bestimmt ist auch etwas
für Euch mit dabei.

Alles muss raus,
die alte Struktur,
zu groß ist für uns
die bisherige Spur!
Alles muss raus,
seht das doch ein!
Die Zukunft ist für uns
beschaulich und klein.

Alles muss raus,
die alten Ideen,
sie lassen uns nur
wie Versager dasteh'n!

Alles muss raus,
auch das Personal,
das bisher uns führte,
wir sind radikal!

Alles muss raus,
dann wird's wunderbar!
Einfälle, sie fallen
vom Himmel, ganz klar!
Alles muss raus,
wir folgen dem Trieb!
Bei uns ist's harmonisch,
verdammt, habt Euch lieb!

Alles muss raus,
der elende Mist!
Ihr kriegt ihn geschenkt,
da Ihr's nicht besser wisst!
Alles muss raus,
und zwar geschwind!
Ab heute weht bei uns
ein anderer Wind!

Alles muss raus,
die Arbeit, der Drill,
weil unsereins nur
seine Ruh haben will!
Alles muss raus,

das wird stets getoppt!
Wer an uns vorbeizieht,
wird glatt weggemobbt.

Alles muss raus,
wir seh'n mit der Zeit,
mit dieser Parole,
da kommst du nicht weit.
Alles muss raus –
der Spruch klar beweist;
es fehlen auch schnell,
Tatkraft, Freude und Geist.

Alles muss raus,
war unser Ziel,
wer alles beerdigt,
dem bleibt nicht mehr viel.
Alles muss raus,
wer bleibt, das sind wir.
Halt, einen Moment mal –
Hallo??? – Wo seid Ihr???

De Quodekrübbel

Noch vor gut zehn Jahr'n, da hätt merr
den am liebste weggesperrt,
heude werd mit viel Hallo er
gnadenlos ans Lischt gezerrt.

Damals läsdisch wie die Mücke,
weil merr an Verbohrtheit krankt,
heut kreischt alles vor Entzücke,
schließlisch isser sakrosankt.

Schon sei Dasein war de Meiste
in de Nas en schleschte Mief.
Jetzt kann er sisch alles leiste,
dann mir sin ja inklusiv.

Frieher warf merr'm große Knübbel
wo merr konnt zwische die Füß.
Nun isser de Quodekrübbel,
ach, wie goldisch, ach, wie süß.

Ihn zu mobbe sisch erdreistet
hat merr damals schnell erreischt.
Dann hat er selbst was geleistet
un es alle Leut gezeischt.

Jetzt, da will merr'n widderhabbe,
des is owersdes Gebot,
hädd ihn, des muss merr bedabbe,
gern als Vorzeische-Idiot.

Doch der Plan is nor beschlosse,
weil merr selwer, in de Tat,
sisch einst bees ins Knie geschosse
un drum heute garnix hat.

Da hilft net Gesetz noch Bibbel,
weil am End die Wahrheit gilt.
Merr braucht halt en Quodekrübbel,
dass merr heut noch ebbes gilt.

Was däät de Friedrich Stoltze saache...

Über die Eröffnung des Friedrich-Stoltze –Museums
in Frankfurt

Was däät de Friedrich Stoltze saache,
hät der heut den Bohei gesehe?
er würd sisch sei Gedanke mache,
was all seit saaner Zeit geschehe.

Im Baustil hat sisch viel erneuert,
aach hat merr Aldes resdauriert,
doch handelt nachwievor bescheuert,
wer bei uns Stadt un Land regiert.

De Stoltze hat zu seine Zeite,
die Politik kriddisch betracht.
Hätt er's gelosse, sisch zu streite,
bis heut gäb's kaaner, der des macht.

Er hat politische Satire
wie kaum aaner vorangebracht,
doch was Partein heut inszeniere,
hätt der sisch so nie ausgedacht.

Die ihn heut deshalb selisch preise,
weil merr sisch so doch wischdisch mescht,

uff die, da däät er – isch saachs leise
geheerisch schenne, er hätt Rescht.

Was däät de Friedrich Stoltze saache
zu Frankfort in de jetzisch Zeit?
Vermudlisch däät er driwwer lache:
„Wie's damals war, so isses heut!"

AUS DEM GLAUBEN

Die Schafherd uff em Weihnachtsmarkt

Nach Motiven aus dem Märchen „Schafsträume"
von Christina Kupczak

Am Vorawend war's vom erste Advent,
in de Frankforder Altstadt war's voll,
an de Fressbude un an de Glühweinständ,
so, wie merr des ewe vom Weihnachtsmarkt kennt,
da drängle die Leut sisch, wie doll.
Uff aamal da donnert's, e Bewe schwillt aa,
es fräscht sisch jetzt schließlisch bald Groß un bald Klaa
„Was is des? – Will Gott uns bestrafe?"

Als lauder un lauder ertönt des Gedös,
des klingt wie's Gedrappel von Hufe.
Es werde zusehn's die Besucher nervös,
so manscher befürschtet: Des endet heut bees!
Doch dann heert merr sowas wie Rufe
Un rischdisch, ganz deutlisch vernimmt merr „Mäh, mäh!".
Jetzt sieht merr, e Bubsche kreischt: „Ach Gott, wie schee!",
e Herde von dreihunnert Schafe.

Was gucke se niedlisch, was gucke se bleed
un komme debei alsfort näher.
Weil kaaner den Ernst von de Laache versteht,
isses erschendwann folglisch ferr's Handele zu spät:

Schafe sin ja bloß Rasemäher.
Von wesche! – Die falle bald kreuz un bald quer
iwwer alles, was essbar is, heißhungrisch her,
wie ausgehungerte Tiescher.

Dadebei erklingt ständisch ihr Schafsmusik,
nor is des leider kaa schöne,
die duht schon im erste Aucheblick,
zum große touristische Missgeschick,
es Stadtgeläut iwwertöne.
Erbarmungslos fresse se Stand ferr Stand leer,
hinnerlasse nor Küttel, sonst nix weider mehr,
sie fühle sisch grad wie die Siescher.

Alles kreischt jetzt wie wild: „Holt doch de OB,
den wandelnde Amtskettestänner!"
Doch seid de Eröffnung is der neht zu seh',
der hat halt schon längst, des muss merr versteh',
en annern Termin im Kalender.
Bei de Politik, da bleibt halt alles stumm,
da drehe die Leut sisch zum Dom schnell erum:
Von dort müsst ja jetz Hilfe komme.

De Domdekan, von Geburt wascheschder Graf,
is grad vor die Domdier getrete.
Da sieht er des Elend, un wirkt ehrlisch baff,
wohin merr aach guckt, nix wie Schaf iwwer Schaf.
Ach Herrgott, da hilft nor noch bete!

„Herr Parrer", rieft jemand, „so, wie isch des seh,
fällt diese Sach eindeudisch in Ihr Metier.
Was werd dann da jetzt unnernomme?"

Doch da sescht de Vertreter vom Goddeshaus:
„Guter Mann, was soll ich da sagen.
Reale Probleme, sie sind mir ein Graus,
mit *Schafen*, da kenn ich mich wirklich nicht aus.
Sie sollten wen anderes fragen:
Das Mysterium Christi, die Eucharistie

und unsere römisch Hochliturgie,
das ist doch das Zentrum im Leben!"

„Ei, babbel kaan Stuss", so poldert's jetzt laut,
gebrüllt von em riesische Hühne,
„Ihr habbt doch die Kersch un de Glauwe versaut,
merr hat nix wie Ärjer, wann merr uff eusch baut,
eusch geht's doch nur um euer Bühne!"
Der Ries' truch en Mandel un Schäferhut,
aach war er fast blind, awer heern konnt er guud,
der daht jetzt e Vorstellung gewwe.

En laude Ruf un en Piff dadezu,
schon liefe die Schafe zusamme.
Es herrschte schnell Friede un himmlische Ruh,
en junge Mann trat zu dem Blinde hinzu
un sprach dann zu dene, die kame:
„Zum Weihnachtsmarkt geht ihr, und konsumiert,
doch habt Ihr wirklich für euch registriert,
die Botschaft der Weihnachtstage?

Die Herde von Schafen, die ihr hier nun seht,
auch ihr könntet sie durchaus leiten.
Wir zeigen euch gerne, wie so etwas geht,
denn nur wer auch weiß, wo man im Leben steht,
versteht Gottes Botschaft beizeiten.
Denn Gott wurde Mensch, und darauf kommt es an.

Also los, habt Mut und packt einfach an,
dann hat es Erfolg, keine Frage."

Die Leut stande da wie vom Donner geriehrt,
doch en klaane Bub is dann gekomme,
hat sisch vor dene Hirte kaa bissje geziert,
mit ihne zusamme die Schäfscher gefiehrt,
aach annern hawwe's dann aagenomme.
Die Viehscher warn brav, die Leut warn beglückt
un hawwe geläschelt un freundlisch geblickt, -
die konnte am Awend guud schlafe.

Wer war'n die zwaa Hirte – Des is net bekannt,
merr hat se dann nie mehr gesehe.
Merr waaß nor. Mansch Botschaft werd net mit Verstand,
sondern ganz allaa nor mit em Herze erkannt,
des muss merr aach erstmal verstehe.
In Frankfort, da läschelt merr iwwer die Sach,
merr bringt die Geschischt immer wiedder zur Sprach:
Un des alles wesche dene paar Schafe.

Der Besinnungsmacher

Des im Advent merr konsumiert,
wurd ja schon öfter kridisiert.
Alsfort heeßt's doch, des wär die Zeit
von Ruhe un Besinnlischkeit,
wo merr e bissje in sisch kehrt
un uff die innere Stimme heert.

Doch isch habb mit de Jahr'n begriffe:
Herr Parre, da is druff gepiffe,
s Besinnungsangebot is groß,
nor: Was is dann mit dene los,
die sisch um die Besinnung kümmern? –
Bei dene duut's de Stress verschlimmern.

Es werd Besinnung unverhole
de Leut ferr de Advent befohle,
doch weh' dem, der Besinnung schafft,
dem raubt merr noch die letzte Kraft.
Wann er aach klotzt un niemals kleckert –
es werd am End ja doch gemeckert.

Oft kimmt bei jeder Weihnachdsfeier
in jedem Jahr dieselwe Leier.
Beim Vorbereide drückt merr sisch,
da zeische alle nor uff disch,

weil Dekorier'n un Festprogramm
ja außer dir wohl kaaner kann.

Damit die Gäst aach all erscheine,
wer macht dem ganze Haufe Beine?
Da gibt's kaa Antwort als nor: Du!
Merr lässt disch jetzt mit nix in Ruh.
Doch nachher kirehste dann gesacht,
wie merr des alles besser macht.

Den Zoores lass isch dies Jahr sein,
isch lad mir e paar Freunde ein,
die Stolle, Kaffee, Plätzjer schätze,
da lässt sisch iwwer alles schwätze.
Un wann merr's egoistisch nennt,
es is egal – isch nenn's Advent.

De Weihnachtsfriede

Des Weihnachtsfest, so heert merr saache,
wär e Symbol ferr Friedenszeit,
merr sollt, so haaßt's, in dene Daache
beendische Konflikt un Streit.

Egal, was aaner hat verbroche,
wann's noch so hinnerforzsich war,
zur Weihnacht kimmt er aagekroche:
„Merr sin doch widder guud, net wahr?

So weit hätt's garnet komme derfe,
e Missverständnis war's allein,
doch jetzt, da duu'n merr des verwerfe:
Zur Weihnacht muss merr friedlisch sein!"

Jetzt bisde draa un sollst was saache,
doch wehe, wann's die Wahrheit is.
Dann komme awer schnell die Klaache,
un Prüschel sin dir ganz gewiß.

Dein Wort stößt nor uff taube Hörer,
die als verstockt un boggisch sin.
Von nun an gilste als Zerstörer,
ihr'n Weihnachtsfriede is dahin.

Ja, früher war'n se alle Schmeischler,
de Grund: sie nahme disch net ernst,
in Wahrheit sin's nix als wie Heuschler,
des isses, was de dadraus lernst.

De Friede, den die Engel brachte,
der gilt, des denk isch, is ganz klar,
duut merr sisch des genau betrachte,
aach all die annern Daach im Jahr.

Doch dadevoo will merr nix wisse,
Hauptsach, die annern kriehn die Schläsch,
merr mescht sisch selbst e ruhisch Gewisse,
da is die Wahrheit nor im Wesch.

Lässt annern Leut ins Messer laafe
un glaabt am End noch ganz bestimmt,
merr könnt die Gunst zurück sisch kaafe,
wann Weihnachte e Kärtsche kimmt.

Wann wer de Weihnachtsfriede predischt
un den im Rest vom Jahr verdrängt,
hat der sisch ferr misch grad erledischt,
der lebt in Herz un Hirn beengt.

104

In bewährter Weise unvorbereitet

Auch in diesem Jahr
geschah es,
dass völlig überraschend
und unangekündigt,
das Weihnachtsfest
vor der Tür stand.

Zwar gab es auch dieses Mal
große Kampagnen,
wie Weihnachtsmärkte und
verkaufsoffene Sonntage,
doch alle waren geschockt,
als es tatsächlich kam.

„Warum sagt uns das keiner?",
so heißt es andauernd.
Gut, es gab den Advent,
aber was ist das schon?
Nichts anderes als die Zeit
auf Weihnachtsfeiern zu gehen.

Doch was ist das Ende vom Lied?
In all dem Hin und Her,
in all dem Nicht-wissen-warum
schaut jeder auf sich,

doch keiner bemerkt den Mann
und die Frau, die ein Kind erwartet.

Die Weihnachtsgeschischt,
wie se vielleischt de Josef verzählt hätt

Kerle, Kerle, isch saach Ihne, wie's Lewe so spielt,
da mache Se sisch escht kaan Begriff.
Isch hatt' noch gedacht, da bassiert nemmer viel,
des Zimmermannshandwerk üb isch lang schon aus,
war Junggesell, hatt' misch eigerischt:
Was soll derr denn da noch groß komme?

Naja, gekomme is sie, die Maria,
e ganz jung Ding, fast noch e Mädsche,
awer genau gewustt hat se, wo's lang geht.
Mir kame zusamme, un dann kam die Nachrischt,
e Kind wär jetzt uff'm Wesch.
Awer isch hat kaa Ahnung, woher.

Tja, da hat se dir e paar Hörner uffgesetzt,
zugegewwe, dadraa kann merr schon emal denke.
Doch dann war's nachts im Draum so,
wie wann en Engel zu mir käm un sescht:
Jetzt mach der kaan Kopp, die Fraa is rischdisch,
un alles annere, des kimmt von Gott.

Des, was da bassiert is, is lang schon geplant,
da hätt's misch noch garnet gegewe.
Was de Herrgott gesät hat, verdraut er mir aa.

Ei, was willste dann dadegesche noch aaführ'n?
Als merr dann von wesche der Volkszählung
nach Bethlehem musste, da issses bassiert.

Des Klaane is gekomme, awwer nerjends gab's Platz,
mit eme Stall, da mussde merr vorlieb nemme.
Awwer wann Sie jetzt maane, da könnt nix mehr komme,
dann hawwe Se sisch geschnidde.
Plötzlisch sin e paar Leut in runnergerissene Lumpe
uffgekreuzt, un dann hawwe se aagefange zu verzähle.

Sie wär'n grad bei ihre Schafe gewese,
da wär'n uff aamal so e paar komische Heilische
direkt vom Himmel nunnergekomme
un hädde Wunner was von unserm Klaane verzählt,
aach wo un wie der zu finne wär:
Da hädde se halt all hergemacht.

Des war noch net alles, dann e paar Daach späder,
sin wie aus'm Nischts so e paar Kaftanträscher
uffgeschlaache. Sie hädde im Oste Sterne gesehe,
dene wär'n se naachgelaafe, wie merr des so mescht,
was zwangsläufisch, wie soll's aach annersder sei,
bei uns in dem Stall zum Ziel geführt hädd.

Dann die Sterne hädde gesaacht,
da wär de größte Könisch innem Bobelsche zu finne.
Isch geb's ja zu, erst hadd isch gedacht:

Die hawwe derr doch all aahn an de Waffel!
Awer mei Fraa, die hat sisch da ernsthaft ihr Gedanke
gemacht, un aach mir is der Engel widder eigefalle.

Übrischens, derr is nochemal bei mir vorstellisch worn.
Merr müssde, hatt er gesaacht, dringend fort,
weil de Herodes dem Klaane bees wollt.
Isch habb dann uffgegewwe, un's genau so gemacht,
irschendwann dorfte merr dann wiedder haam.
Heut geht's dem Klaane guud,
er is werklisch was Besonners.

Jetzt saache Se selwer: Kann merr des glauwe?
Normal müsst merr saache, der Kerl is verrickt.
Isch kann's nor so saache, wie isch es weiß.
Awer denke Se emal drüwwer nach:
Irschendwo besteht irschendwie die Möglischkeit,
des die ganz Sach wahr is.

Die Ballade vom mittleren König

Als Jesus geborn wurd in Bethlehem,
is en Stern am Himmel erschiene.
Weit weg im Morjeland war er zu seh'n,
drei Keenische daade die Botschaft versteh'n,
denn sie wusste, die galt allein ihne.

Aan Keenisch hieß Caspar, noch arsch unerfahr'n,
des war halt noch en junge Spund,
der annern hieß Balthasar, alt schon an Jahrn,
mit em Rauschebart un mit schloweiße Haar'n,
er war leider net mehr ganz gesund.

Der dritte hieß Melchior, der war in de Mitt',
vom Alter wie aach vom Verstand,
er leitete Caspar, nahm Balthasar mit
un lenkte ferr alle drei den Wanderschritt,
dann der war die führende Hand.

Sie habbe sisch gleisch uff de Wesch gemacht,
im Gepäck war'n Gold, Weihrauch un Myrrhe,
die war'n als Geschenk für des Kindche gedacht,
so zooche se los in stockdunkler Nacht
un geriete rescht bald in die Irre.

Dann plötzlich da braach e Gewidder hervor,
es war kaum noch meeschlisch zu geh'n.
Mit Blitze vor Aache un Donner im Ohr,
da steht dene drei noch des Schlimmste bevor,
denn de Stern war net mehr zu seh'n.

Der Weesch wurde steinisch un ferschderlisch schwer,
ihre Kräfte, sie schwande dahin.
Sie fraachte sich dorsch, ob merr hier rischdisch wär.
Stets hieß es „Naa!" un merr rief hinner her:
„Gebt doch uff, es hat eh gar kaan Sinn!"

Da hat de Caspar kein Ausweesch geseh'n
un dann ferschderlisch losgeflennt:
„Mir sin doch im Irrtum, duut ihr's net versteh'n,
es is völlisch sinnlos, noch weiterzugeh'n."
Traurisch stützt er's Gesicht in die Händ.

De Balthasar hat an de Wesch sisch gesetzt,
seine Glieder, die war'n schon zu schwach.
Er fühlt sisch so kraftlos un abgehetzt,

kann net mehr wie früher, des waaß er jetzt,
doch saan Geist is immer noch wach.

Da sprach er zum Melchior, der sucht nach'm Sinn:
„Vertrau nor getrost uff de Stern,
is er aach net zu seh'n, zieht er doch vor uns hin,
dann sprischt er zu uns mit 'ner innere Stimm.
Hab' nor Mut, dann wersde se heern!"

Un weider sescht erm: „Ich waaß, wie des is,
dann isch hab viel erlebt all die Jahr'n.
Manschmal geht's in die Irre dorsch Finsternis,
doch am Ende, da war immer aanes gewiß,
es lohnt sisch – des wersde erfahr'n."

De Melchior versteht, jetzt liescht es an ihm,
dann merr muss aach dorsch Dunkelheit führ'n,
geht's aach gesche Vernunft un gesche de Sinn,
nun lässt er net ab, zeischt nach vorne hin:
„Los kommt, lasst kaa Zeit uns verliern."

Un so bresche se uff, de Balthasar geht
von beide gestützt wiedder mit.
Da blickt Melchior hoch, un rieft freudisch: „Seht!"
Weil de Stern wie zuvor am Himmel nun steht,
des beschleunischt bei alle die Schritt.

Vom Stern geleitet komme die drei voran,
es wächst e berauschend Gefühl,
dann endlisch, es waaß kaaner so genau wann,
komme alle ganz glücklisch in Bethlehem an,
de Stern zeischt: Hier is euer Ziel.

Sie finne en Stall mit em Mann un er Fraa
un ihrm Kindche uff Stroh un uff Heu.
Des läschelt die Keenische ganz freundlisch aa,
un mit einem Mal wird dene drei klar:
Dorsch des Kind werd die Welt wiedder neu.

Der Caspar, der is vor Freud ganz gerührt,
geht näher, den Klaane zu seh'n,
aach de Balthasar kimmt, denn er hat gespührt,
es is hier un heute e Wunner bassiert. -
Nor de Melchior bleibt ganz hinne steh'n.

Des sieht die Maria, die Mudder vom Kind,
un sescht zu ihm: „Komm her zu mir!
Dann des die zwaa annern so glücklisch sind,
daran hast du dir aach en Teil verdient.
Ohne disch wärt ihr alle net hier."

De Melchior winkt ab, doch dann spürt er de Blick,
des Kindche schaut uff ihn allein.
Da erkennt er im selwe Aacheblick.
All des, was merr gibt, des kimmt aach zurück.
Wer könnte da glücklischer sein.

Hokuspokus

Gedanken zum Gründonnerstag

Hoc est corpus meum,
so heißt's im Hochgebet:
Nehmt hin, das ist mein Leib –
Ob das noch wer versteht?

In Fleisch und Blut sich geben,
und das in Wein und Brot.
Manch Theologenleben
hat damit seine Not.

Das klingt nach Zauberformel,
wohl nicht von ungefähr.
Von jenem *Hoc est corpus*
kommt *Hokuspokus* her.

Jesus war Dorfrabbiner,
er brauchte keine Tricks,
hielt auch nichts vom Mysterium
als Zentrum allen Glücks.

Ihm ging es um Gemeinschaft
bei seinem letzten Mahl –
darum geht es auch heute
auf's Neue, jedes Mal.

Mit Worten und mit Handeln
hat er uns beigebracht:
„Ihr könnt die Welt verwandeln,
wenn auch nicht über Nacht.

Auch schafft ihr's nicht alleine,
gemeinsam kann es geh'n,
es folgen euch nicht alle,
doch mancher wird's versteh'n.

Und bildet stets Gemeinschaft,
setzt euch an einen Tisch,
beim Reden, Essen, Trinken
denkt bitte auch an mich."

So sollen wir es halten,
das ist – ich bin so frei –
ein ganz besond'res Bündnis,
doch niemals Zauberei.

Bei unsrer lieben Frau

Dies ist dein Haus,
sie alle sind da,
rufen und singen zu dir.
Nur du allein,
hat es den Schein,
bist heute leider nicht hier.

Erfahrend dein Wort,
sie knien zum Gebet,
um voller Inbrunst zu fleh'n.
Aber du bist
zu dieser Frist
weder zu hör'n noch zu seh'n.

Dein Loblied erschallt
zum Orgelklang,
dass es die Sinne umrauscht.
Doch allein du
verharrst in Ruh,
wenn alles andächtig lauscht.

Aus deinem Haus
zieh'n sie dann fort,
sind auf der Suche nach dir.
Ihnen ist klar
ganz offenbar:
Du wohnst schon längst nicht mehr hier.

Küchengespräch

Eine Jakobsbrunnen-Paraphrase –
für Christina Kupczak

Stell dir vor:
Du kommst nach Haus,
und da sitzt ER,
mitten in deiner Küche
in der Essecke
neben dem Apothekerschrank.
Und ER schaut dich an,
ER lächelt und sagt:
„Wie schön, dass du da bist.
Ich habe auf dich gewartet."

Und da hörst du dich sagen:
„Auf mich??" – ER fragt dich zurück:
„Auf wen denn sonst! Du wohnst doch hier?"
Unsicher sagst du: „Jaja, das stimmt schon.
Aber wieso kommst du zu mir?
Ausgerechnet zu mir?
Ich habe ein Dach überm Kopf,
zu essen, zu trinken,
es geht mir nicht schlecht.
Dich brauchen doch andere
nötiger als ich."

Und da sagt ER zu dir:
„Ich bin immer dort,
wo man mich sucht,
wo man mich braucht,
wo ich willkommen bin –
egal, was einer hat
und was einer ist."

Verwirrt deutest du auf den Kühlschrank
und fragst: „Möchtest du etwas trinken?
Milch, Saft, Cola, Bier, Kaffee oder Tee?"
Da lächelt ER und deutet auf die Spüle:
„Mir reicht ein Glas Wasser – ich danke dir."

Und du schenkst es ihm ein,
und du setzt dich dazu,
und ihr redet über Gott und die Welt,
und du merkst im Gespräch mit ihm,
dass du, so wie du bist,
mit all deinen Ecken und Kanten,
deinen Schrammen und Macken,
deinen Fehlern und Unsicherheiten
und mit all deinen guten Seiten,
geliebt und angenommen bist.

Und dann schaut ER dich an,
ER lächelt und sagt: „Wie wäre es jetzt
mit einem guten Glas Wein?"

Du nickst und antwortest: „Einen Moment,
da muss ich erst in den Keller gehen."

Und dort holst du den Wein,
einen besonders guten.
Doch wie du die Küche wieder betrittst
ist sie verlassen und leer.
Nur das Glas steht noch da,
ein wenig vom Wasser
ist noch übrig.

Da nimmst du den Wein
stellst ihn wieder weg.
Du verspürst keinen Durst,
denn ER schenkte dir
vom Wasser des Lebens.

Stell dir vor,
stell dir einfach mal vor,
das es so wäre, so sein kann,
so ist! – Und denke daran,
wenn du das nächste Mal
ein Glas Wein trinkst.

Johannes

Ein Mann in der Wüste,
mit nichts als seiner Stimme
und dem Segen von oben,
anderen Segen zu spenden.

Er spricht nicht für sich,
weist dem anderen den Weg,
dem, der noch größer ist
als er und als andere.

Eines Tages kommt ER,
tritt zu ihm an den Jordan,
und der Mann in der Wüste
spendet Taufe dem Größten.

Der Mann in der Wüste,
tritt hinter das Lamm,
damit dieses alleine
den Vortritt erhalte.

Der Mann in der Wüste,
er muss nicht mehr warten,
denn er weiß, wer da kommt,
das Leben zu schenken.

Die Aussicht darauf lässt
den Mann in der Wüste
nicht ängstlich verzagen,
selbst wenn er den Kopf verliert.

Dorftratsch in Nazareth

Gedanken zu Mk 6, 1h-6
(Evangelium vom 14. Sonntag im Jahreskreis)

Isch war heut in de Synagoche,
ihr Leut, was habb isch da gesehe:
Da daat doch werklisch ungeloche
de Bub vom Jupp un Ria stehe.

De Jesus, ja, so duht er heise,
hat dort gepredischt un gelehrt;
der Kerl benimmt sisch uff e Weise,
des is doch werklisch unerhört.

Was muss der Mensch sisch so erdreisde,
wer hat em sowas eigeredd?

En Schuster bleib bei seine Leiste,
des annern brauch merr alles net.

Er hat die Sach net schlescht vermiddelt,
isch gebbs, wenn aach nor ungern, zu,
de Rabbi hat de Kopp geschüddelt,
dem lässt die Sach bestimmt kaa Ruh.

Was hat der Bub aach da zu melde,
is wie sein Vadder Zimmermann,
will mehr nor wie die annern gelde,
da stoße sisch die Nachbarn drann.

Mir kenne all dem sei Verwandte,
die lewe hier seit viele Jahr'n;
die Mudder, Brüder, Onkel, Dande:
Was duht der Bub bloß dene an?

Naja, es brauch ahm net zu wunnern,
weil's lang ja schon Grüschde gibt:
Bei seine Eldern dahts mal dunnern,
es hieß, Maria sei verliebt.

Naja, „verliebt" is üwertribbe,
doch geht längst de Verdacht umher,
wonach de Jupp aus Davids Sippe
vom Jesus net de Vadder wär.

Da wurd vor dreisisch Jahr'n gekrische,
de Herrgott hätt den Bub geschickt,
doch wann isch misch hier mal einmische,
so glaab isch: Die Leut sin verrückt!

Ob Jesus werklisch en Prophet is,
geht misch im Grund ja garnix an,
ganz einfach, weil mir des zu bleed is:
Mir bräuschde hier en Zimmermann!

Im Wartezimmer

*„Das Leben ist kein Warteraum zum Nichts, es ist vielmehr der An-
fang der Ewigkeit." (J. Ratzinger)*

Im Wartezimmer zur Ewigkeit,
da sind wir wohl alle beisammen.
Weder Tische noch Stühle sind hier vorgeseh'n,
es scheint alles so leer, das ist schwer zu versteh'n,
und wir kennen auch nicht die Namen,
von denen, die mit hierher kamen.

Im Wartezimmer zur Ewigkeit,
da kannst du dich sehr leicht verlieren,
denn es wirkt so riesig, so unendlich groß,
viele bleiben nur stehen, gehen nicht einfach los;
statt sich erst zu orientieren,
erlernen sie Einsamkeit spüren.

Im Wartezimmer zur Ewigkeit
herrscht Reichtum an Möglichkeiten.
Du bist nicht gezwungen, alleine zu sein,
drum lade die anderen Wartenden ein,
zu lachen mit dir und zu streiten,
so ändern sich merklich die Zeiten.

Im Wartezimmer zur Ewigkeit,
kann schlussendlich vieles gedeihen;
das Hassen, das Lieben, das rastlose Tun,
Gesundheit und Krankheit, die Hektik, das Ruh'n,
die Ablehnung und das Verzeihen –
all das herrscht in unseren Reihen.

Im Wartezimmer zur Ewigkeit
wirst einmal auch du aufgerufen:
So kurz war das Warten, wie dir plötzlich scheint,
auch mancher der Wartenden steht da und weint.
Und jene, die all das hier schufen,
führ'n dich nun voran auf den Stufen.

ER redet

Wenn ER redet,
geht das ohne Stimme,
ohne Getöse
und auch ohne
famous last words.

Wenn ER redet,
kommt kein Donnerwetter,
kein feuriger Wagen,
und auch der Himmel
tut sich nicht auf.

Wenn ER redet,
wird es niemals fanatisch,
vielleicht nicht mal weise,
es ist auch unaufschreibbar,
unsagbar.

Wenn ER redet,
dann kommt es von innen,
ist oftmals sehr leise,
auch vielmehr ein Fühlen
als ein Hören.

Wenn ER redet,
kann man begreifen,
dass er stets zu uns spricht –
wir müssen nur lernen,
ihn zu verstehen.

Problematisch

Einfach mal
ganz offen und ehrlich,
kein bisschen beschwerlich,
aus vollem Herzen,
ohne zu scherzen,
auch allzu gern
im Namen des Herrn
an manchen Tagen
zuzuschlagen.

Ganz direkt,
frei von Zwängen
und allem Bedrängen,
den drückenden Frust
aus voller Brust,
die Oberflächen
mit Hämmern zu brechen,
die andern Lakaien
anzuschreien.

Am Ende
bleibt das Evangelium,
schon Scheiße, wie dumm!
Immer verzeih'n,
der Klügere sein,

drum ständig im Leben
nachzugeben.
Deinen Gegner den freut's,
da er sicher ist:
„Du *musst* mir verzeihen,
denn du bist ja Christ."

Gott, du mein Gott,
genau deshalb,
und weil du mich liebst,
stehst du mir in diesen Zeiten
im Weg!

Aufrichtiger Friedensgruß

Ich wünschte dir oft manches
bei Nacht und auch bei Tag,
was ich aus guten Gründen
hier gar nicht sagen mag.

Wenn ich die Hand dir reiche,
gesteh' ich gerne ein,
so griff ich weitaus lieber
in ein Klosett hinein.

Schenkte ich dir ein Lächeln,
wär ich wohl nicht geschickt,
denn du bist mir zuwider,
weshalb es auch nicht glückt.

Ein Trost ist mir geblieben,
den ich im Herzen heg:
Wir müssen uns nicht lieben
und geh'n uns aus dem Weg.

Kann ich dir Frieden wünschen? –
Natürlich! – Kurz und knapp.
In Frieden sollst du leben –
dass ich Ruh vor dir hab!

Eigensinniges Glaubensbekenntnis

Über die Aktion „Woran ich glaube"
aus der Bild am Sonntag vom 21.04.2019

Ich glaube an das Gute und Frieden auf der Welt,
ich glaube an das Karma, weil's vielen so gefällt,
ich glaub an die Familie, an Vater, Mutter, Sohn,
ich glaube ans Egalsein von aller Religion.
Ich glaube an die Wärme und die Gerechtigkeit,
ich glaube an die Zukunft und eine neue Zeit,
ich glaube an mich selber, und das, was Kraft mir gibt,
ich glaub an Fleiß und Eifer, denn das ist stets beliebt.
Ich glaube an die Wahrheit, an Licht in Finsternis,
ich glaub an Hämorrhoiden, denn die sind uns gewiss.
Ich glaub an hohe Steuern, denn die sind sicher da,
ich glaube an die Menschen – denn einer muss es ja.
Ich glaub, dass ein Pfund Rindfleisch, ne gute Suppe macht,
ich glaub, dass es gesund ist, wenn man von Herzen lacht.
Ich glaub an meine Pläne, geht auch so mancher schief,
ich glaub an Ideale, denn ich bin so naiv.
Ich glaube an Gesundheit, denn sie kann möglich sein,
ich glaub auch an die Krankheit, sie sucht dich sicher heim.
Ich glaube an Talente, ihr Wirken macht mich froh,
ich glaub an vier Buchstaben – der letzte ist ein „o".
Ich glaube gern an alles, an das man glauben will,
ich glaube auch an Phrasen, man drischt sie nach Gefühl.

Ich glaub an Sicherheiten und auch den ganzen Rest,
ich glaube stets an alles, was sich verstehen lässt.

Ich glaub, aber bisweilen kann das nicht alles sein,
ich glaub, würd' ich so glauben, stünd' ich sehr schnell allein.
Ich glaub nicht nur an alles, was man zum Glauben sagt,
ich glaub, man kommt viel weiter, wenn man das hinterfragt.
Ich glaub, an das zu glauben, was man nicht wissen kann,
ich glaube, diese Hürde nimmst du nicht so spontan.
Ich glaube, es rentiert sich, genauer hinzuschauen,
ich glaube, reiner Glaube wächst nur mit Gottvertrauen.

Stoßgebet

Gott schütze uns
vor den Hetzern,
vor den Feigen,
vor den Einfältigen,
vor den Ausfälligen,
vor den Engstirnigen,
vor den Weitschweifigen,
vor den Großmäulern,
vor den Kleingeistern,
vor den Besserwissern,
vor den Erzdummen,
vor den Übermütigen,
vor den Unterwürfigen,
vor den Überstürzten,
vor den nassen Säcken,
vor den Gutmenschen,
vor den Schlechtrednern,
vor den Allesverstehern,
vor den Nichtsakzeptierern.

Aber vor allem:
Gott schütze uns
vor den Normalen.

Amen!

AUS DER KUNST

An die Neunte

Wenn Beethoven seine „Neunte" gehört hätte

*(nach Schillers „An die Freude",
in rheinischem Tonfall zu lesen)*

Freude, schöner Götterfunken" –
Endlisch habb isch et jehört:
Saach mal, war isch da betrunken?
Irjendwie klingt dat verkehrt.
Wat in Noten isch jebunden,
zeischt sisch jetzt – o weh und ach –
isch saach et, janz unumwunden,
als verdammter Lärm un Krach.

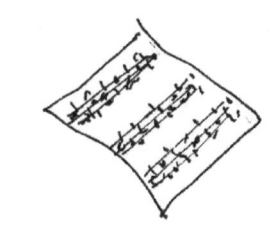

Oh, welsch eine Zeitverschwendung,
un isch hab so dat Jefühl:
et is nit dat, wat isch will,
weit entfernt von der Vollendung.

Isch jeb zu, et sind die Teile
eins bis drei janz jut jeglückt,
doch sie dauern schon ne Weile,
dat war nit so janz jeschickt.
Zwei der Sätze würden reischen
für ne janze Sinfonie,

fang isch aber an zu streischen,
komm isch zum Erjebnis nie.

Man braucht Sitzfleisch noch un nöscher,
denn Musik hat ihre Zeit,
überblickt man's nit so weit,
dann bekommt dat Werk nur Löscher.

Wat ein Unjlück – dat Finale,
Chor, Orchester – allet kracht:
Sinfonia infernale –
Wat hab isch mir nur jedacht.
Die Soprane singen stunden-
lang und kräftisch hoch dat „aaaaa" ,
sin am Ende janz zerschunden –
un isch bin em Heulen nah!

Ach – so schön hat's ausjesehen
als jedruckte Partitur,
un allein so, jlaub isch, nur
isset wirklisch zu verstehen.

Andrerseits, die Menschen haben
offensischtlisch Freude dran.
Hinterlässt's bei mir auch Narben,
isch jewöhn misch lieber dran.
Zwar habb isch dat Stück jeschrieben,
doch jehört es nit mehr mir,
vielen isset wert jeblieben
un, vielleischt sojar auch dir.

So soll's seine Früschte trajen,
un isch jeb et jerne hin,
denn auch dat hat seinen Sinn. –
Mehr jibt's dazu nit zu sajen.

Der Sauerampfer im Wandel der Zeit

Eine Ringelnatz-Paraphrase

Ein Sauerampfer auf dem Damm
wuchs zwischen Bahngeleisen,
vor ihm stand Ringelnatz einst stramm,
um ihn im Lied zu preisen.

Dort ging's ihm bestens, mehr und mehr,
nachdem, was man so hörte,
weil niemals dort der Zugverkehr
sein prächt'ges Wachstum störte.

Sah auch heut selten Züge nah'n,
der gute Sauerampfer:
So ist's halt bei der Deutschen Bahn –
da sieht man eher Dampfer.

Fastnachtsfassaden

Nach Motiven aus „Die Fastnachtsbeichte" von Carl Zuckmayer

Im bunten Farbenspiel zieht durch die Straßen
das Narrenvolk mit lärmender Musik
mit Jubel, kündend heut vom höchsten Glück,
die Menschen freu'n sich über alle Maßen.

Und die, die stundenlang am Fenster saßen,
begeistern sich an diesem Augenblick,
der Frohsinn nähert sich ein gutes Stück,
er half, dass wir den Alltag kurz vergaßen.

Doch hinter all der Pracht sieht's düster aus,
die schönen Bilder sind halt oft Fassaden,
sie schmücken unsre Lebenslügen aus

so bringen sie am Ende nur noch Schaden.
In einem gibt der schöne Schein uns Klarheit,
denn Narren sagen leider meist die Wahrheit.

Die Zeit

Über drei Sätze aus dem „Rosenkavalier"

Die Zeit, die ist ein sonderbar' Ding,
mal wie im Rausch, mal steht sie still,
Wie auch der Lauf des Lebens ging,
sie tut halt dennoch, was sie will.

Sie spart mit Freude nicht, mit Not,
die Jahre gehen so dahin.
Wie macht das nur der liebe Gott,
dass ich dennoch der gleiche bin?

Dennoch der gleiche? Eher nein!
Manches wird neu, bald hier bald dort.
Trotzdem, die Frage bleibt allein,
fest steht: Ich wart' auf Antwort!

Er ist's – noch nicht!

Mörike-Paraphrase zum Frühlingsbeginn

Frühling lässt sein blaues Band…
Naja, heute lässt er's bleiben.
Denn anstatt, dass Knospen treiben,
deckt der Winter noch das Land.
Grün und blühend war es schon,
doch hat's abgenommen.
Tiefgefror'n manch leiser Harfenton.
Frühling??? – Ist schon gut,
du kannst später kommen!

Im Zug des Lebens

Chanson nach Motiven aus „Mord im Orientexpress"

Wir steh'n am Beginn einer Reise,
doch deren Ziel ist nicht bekannt;
sie führt uns durch Wälder und Wüsten
und oftmals auch durch fremdes Land.
In uns streiten Furcht und Erregung,
denn wer weiß schon, was kommen mag,
wir reisen geschwind
durch Wetter und Wind,
so zieh'n wir dahin, Nacht und Tag.

So fliegen die Stunden und Tage,
auf unserer Zugfahrt vorbei,
auch gibt es Halt auf freier Strecke,
oft ist es verwirrend und neu.
Und manche Station auf der Reise
uns seltsam erscheinen mag:
Was freundlich sich zeigt,
zum Bösen sich neigt;
so wandelt zur Nacht sich der Tag.

Doch irgendwann auf dieser Reise
ertönt laut der Ruf: „Endstation!"
Dann fragt man sich: Ist's das gewesen?

Verlasse den Zug ich jetzt schon?
Drum, Reisender, nütze die Fahrzeit,
dein Weg dich nicht irre führ'n mag:
Wirkt er hell und weiß,
sag ich, hoch ist der Preis;
die Rechnung kommt am jüngsten Tag.

Im Zug des Lebens
da sucht man vergebens
nach Fahrplan und Haltezeit.
Unsre Bahn – wird sich weisen –
läuft oft neben den Gleisen,
und die Weichen steh'n dafür bereit.

Die Ballade vom Orientexpress

Kriminalparaphrase nach Motiven von Agatha Christi

Willst du einen Zug heut besteigen?
Führt dich dein Weg gen Orient?
So hör' zunächst meine Geschichte,
weil sie dir den Blick öffnen könnt,
denn auf solcher Fahrt
zeigen sich gern gepaart
oft Höhe und Abgrund zugleich.
Wohin man auch sieht,
es herrscht kaum Unterschied,
was arm ist, verkauft sich als reich:
Es reist der Plebs wie die Contesse
im Orientexpress.

Ein Reisender lag eines Morgens
erstochen in seinem Abteil,
doch wurden nicht Trauer noch Tränen
dem Manne im Tode zuteil.
Man suchte und fand
nichts, das von Bestand;
es gab kein Indiz, keine Spur,
nicht mal ein Verdacht
wurd' da vorgebracht,
am Ende, da wusste man nur:

Ein Mord geschah mit Raffinesse
im Orientexpress.

Die Ursache dieses Verbrechens
sei wenigstens euch nicht erspart:
Der Mann war einstmals im Leben
ein Mörder von übelster Art.
Jedoch das Gericht,
bestrafte ihn nicht –
die Schmiergelder flossen sehr gut.
Die Trauernden dann
schmiedeten einen Plan,
beschlossen voll Kummer und Wut:
Wir führ'n selbst den Mordprozess
im Orientexpress!

Drum, Reisender, hör' meine Warnung:
Steigst du einmal in diesen Zug.
so hüt' dich vor gold'nen Fassaden,

sie sind oft nur Schwindel und Trug.
Du siehst leider nicht
hinter manches Gesicht,
was edel glänzt, deckt meistens Qual.
Nach außen wirkt's schön,
doch will's uns hintergeh'n,
das nennt man auch Doppelmoral.
Vermeide die falsche Noblesse
im Orientexpres!

Kennst du den Ort?

Auf der Herrentoilette von Herrenchiemsee —
ein Wort von Herrn Goethe

Kennst du den Ort, wo's nach Zitronen riecht,
manch strenger Duft in deine Nase kriecht,
im Idealfall ist er sauber, klinisch rein,
stets gibt es einen Grund, um dort zu sein:
Kennst du ihn wohl?
Dorthin, dorthin,
lässt alle ein Bedürfnis zieh'n.

An jenem Orte sind wir alle gleich,
da herrscht kein Unterschied zu arm und reich;
ob Herrenchiemsee oder Krankenhaus,
ob König, Bettelmann – es kommt das gleiche raus:
Beugst du die Knie,
dann sitzt du schon
ganz fest auf perzellan'nem Thron.

Es fällt dort auf die Knie, wer begreift,
dass oft der Mensch aus allen Löchern pfeift,
wenn er all das, was krank macht, von sich gibt,
ist dieser Ort nicht immer sehr beliebt.
Ist etwas voll,
dann muss es fort, -
das ist der Sinn von diesem Ort.

Und trittst du schließlich aus dem Raum heraus,
dann siehst du meistens sehr erleichtert aus,
du fühlst dich frisch und rundherum wie neu,
du bist von allem Druck und Zwängen frei.
Doch weißt du gut:
Dorthin, dorthin,
wird es dich bald schon wieder zieh'n.

Lost in Train

Ein Eisenbahngleichnis für Michael Gass

Wir alle saßen im gleichen Zug,
nur einer war leider nicht da.
Zwar war er zur Abfahrt zeitig genug,
erwischte dann aber den falschen Zug,
was folgte, ist wohl jedem klar.

Nach Erbach im Odenwald sollte es geh'n,
der Abfahrtsort war am Gleis zwölf,
doch niemand vermag in die Zukunft zu seh'n
und den Fahrplan der Bundesbahn recht zu versteh'n –
kurz und gut, es ging los an Gleis elf.

Über Lautsprecher wurde es durchgesagt,
die Bahnsteige damit beschallt.
Der erwähnte Eine blieb unverzagt,
die Botschaft war durch seinen Kopf gejagt
und ungehört dort verhallt.

Die Gruppe – nicht da, teuer war guter Rat,
er stieg an Gleis zwölf in die Bahn,
rannte durch die Wagons und war ziemlich platt,
weil niemand die andern gesehen hat,
und da fuhr der Zug auch schon an.

Natürlich ging auch nicht nach Erbach die Fahrt,
das wäre des Guten zu viel.
Dank Murphy's Gesetz bleibt dir nichts erspart,
da wird der Blamierte gleich nochmal genarrt,
denn Karlsruhe lautet das Ziel.

In solcher Lage, da zeigt unser Mann
bemerkenswert kluges Geschick:
Der Zug hält in Darmstadt, da könnte man
die Bahn einfach wechseln und wäre dann
am richtigen Ort mit viel Glück.

So hat er's gemacht, und es hat funktioniert,
er traf uns in Erbach gut an.
Aber alle, die's hörten, war'n schwer fasziniert,
genauer gesagt, hatten sie nicht kapiert,
wie denn sowas passieren kann.

Wir saßen alle im gleichen Zug
und haben beim Heimfahr'n gelacht.
Aus manchen Geschichten wird man nicht klug,
doch fahren wir alle im gleichen Zug,
was oftmals auch Freude macht.

Ein Platz für Gedichte

Akten lesen – das machen Schreibtischtäter,
Bilanzen lesen – das tun deren Vorgesetzte,
Liebesromane lesen – das tun die Einsamen.
Gedichte liest wer?
Immer weniger statt mehr.

Akten liest man vertragsbedingt,
Bilanzen liest man aus Gier,
Liebesromane liest man aus Sehnsucht.
Gedichte liest man wie?
Mit viel Phantasie.

Akten liest man im Büro,
Bilanzen in den Vorstandsetagen,
Liebesromane liest man im Bett.
Gedichte liest man wo?
Tja, meist auf dem Klo.

Das Erstaunlichere daran,
alles passt gut zusammen,
besonders beim letzten Paar,
wird das offenbar.

Gedicht, das ist Ballung auf kleinstem Raum,
genau wie im Darm, das ändert sich kaum.
Rasch ist es gelesen, nur, bis es sich entfaltet,
bis es Wirkung zeigt und wahrhaft gestaltet,
benötigt es allzu oft ganz lange Zeit,
genau wie im Darm, doch das ginge zu weit.

Frankforder Bub

Im Stil eines Poetry-Slam-Textes

Von weidem, da läschelt dei Skyline misch aa,
da waaß isch genau: Isch bin widder da!
Egal wo isch war un woher isch aach kam,
nor hier, nah bei dir, da bin isch dehaam,
kann in deine Gasse
misch treiwe lasse,
um nix uff dere Welt will isch sowas verpasse.
Hier umgibt misch mei Sprach
un nach un nach
werd des, was isch so saach
zur Philosophie.
So pflescht mancher Fleeschel
sei sämtlische Veeschel
mit viel Fantasie.

Es is kaa Stadt uff de weide Welt,
zwar lääft nix so glatt, als wie merr's bestellt,
doch es will merr net in mein Kopp enei:
Wie kann nur en eschte,
en guude, en schleschte,
verschlosse, ganz offe,
stocknüschtern, versoffe
so'n Kerl net von hie, von Frankford sei.

Du lebst aus de Geschichte, kennst Hoffnung un Schmerz,
für all, die zu derr komme, hast du e groß Herz.
Ob gebürdisch von hie, ob aus annere Länder,
des schert disch en Dregg, du kennst keine Ränder.
Als Wirtschaftsmacht
viel voran gebracht,
hast dir aach stets ebbes aus Künste gemacht,
disch wohl dorschaus blamiert,
odder verspekuliert,
awwer net resigniert –
du bist e Genie.
Dafür gibt's hier kaa Engel,
awwer so manschen Bengel,
des ännert sisch nie.

Es is kaa Stadt uff de weide Welt,
die immer nor des hat, was werklisch zählt,
die aach mal verlier'n kann, ohne zu siesche,
un die Fähischkeit kennt, sisch selbst zu genüsche.
Un es will merr da schon in de Kopp enei:
Es könnt theoretisch,
so rein hybodhetisch,
auch praktischerweise,
ließ sisch des beweise:
So e Stadt könnt dorschaus aach Frankford sei.

Deine ganze Wahrzeische, die kreuze mein Weesch,
de Römer, die Paulskersch, de Eiserne Stesch.
In de Ebbelwoiwertschafte in Sachsehause,
da is mancher Schoppepethzer zuhause,
und da trinke se mal
kräfdisch uff de Pokal,
die Eintracht, die holt den notfalls nochmal.
Wer absteische kann,
steht aach mal vorne dran,
in so em Moment, da wird jeder Mann
noch aamal zum Kind.
Sie beneide die Kleine,
weil die, wie se meine,
tachtääschlisch so sind.

Es is kaa Stadt uff de weide Welt,
die Prominez hat, die aach gefällt:
en aale Stadtraat un den Kapuziner,
en rauschbartbewährde Goddesdiener.
Die laafe noch immer dorsch unsere Straße,
ob lebendisch, im Herze – es is uns üwerlasse.
Un es muss jetzt in euer Köpp enei:
Die Welt is wie se iss,
da halt isch kaa Geschiss.
Vielerorts isses schee,
doch merr werd' misch versteh' –
nur hie halt isch's aus,
da bin isch zuhaus:
Bin en Frankforder Bub – was soll isch sonst sei!

Ich schreibe nicht

Ich schreibe nicht für Intellektuelle,
die geistig gerne über andern steh'n.
Sie halten sich für ganz besonders helle
und treten dabei ständig auf der Stelle,
weil sie den wahren Sinn des Lebens nicht versteh'n.

Ich schreibe nicht für Lyrikanalysten,
die nur, durchs Ideal der Kunst geprägt,
bestrebt sind, meine Mängel aufzulisten,
die andre Dichter zu vermeiden wüssten,
sie registrieren nicht, wie mein Puls schlägt.

Ich schreibe nicht für die Kulturgenießer,
für die die Kunst nur schönes Beiwerk ist,
ein Fluchtpunkt, wird der eigne Alltag mieser,
im Grunde sind sie alle kleine Spießer
und meiden den Konflikt und jeden Zwist.

Ich schreibe nicht für all die Miesepeter,
die jedes Thema motzend kommentier'n.
Im Nachhinein, das merken sie erst später,
seh'n sie sich nur als Opfer, nie als Täter,
anstatt dass sie im Leben was riskier'n.

Ich schreibe nicht für die, die Trauer tragen,
wenn sie die ganze Zeit aufs Gestern schau'n.
Wie war es doch so schön in alten Tagen?
Sie sollten, denke ich, viel eher fragen:
Wie schaffen wir's, auf's Morgen fest zu bau'n?

Ich schreib für alle, die noch Hoffnung haben
und, auch verzweifelt, fest im Glauben steh'n.
Wohl schlug ihnen das Leben manche Narben,
die ihnen aber Mut und Stärke gaben. –
Ich weiß, dass das nur wenige versteh'n.

schach

schwarz und weiß
acht mal acht
quadratisch schlicht
vierundsechzig
in reihen gegliedert
ordnung im grunde
bildet die welt
das feld

zwei nach vorn
beim ersten mal
dann immer eins
in einer linie
als erster kommend
als opfer dienend
dafür taugt er
der bauer

in jeder ecke
steht er fest
ist immer gradaus
wird er gebraucht
als trutziges bollwerk
streitbare wehr

in jedem sturm
der turm

zwei nach vorn
eins nach rechts
oder nach links
recht variabel
mit winkelzügen
und haken schlagend
dreht er dinger
der springer

querfeldein
die bahn schlagend
ist er gut
für überraschungen
direkt zum ziel
fährt in die parade
ein rascher begreifer
der läufer

völlige freiheit
ganz wie im leben
ist gleichsam geliebt
wie gefürchtet
steht hinter allen
zieht oft die fäden

braucht keine reklame
die dame

begrenzt im handeln
doch hauptperson
sitzt er matt
ist alles vorbei
die meiste macht
angewiesen auf andre
vermag er wenig
der könig

schwarz und weiß
zweimal zwei reihen
treten sie an
ordnung zu sprengen
nur einer ist's
der sich durchsetzt
hin zum sieg
Krieg!

wellenflüstern
Nach Motiven aus dem Film "Shape of Water"

kein rauschen, nur plätschern,
vielmehr ein flüstern,
das wächst und wächst
bis hin zum erzählen.

von etwas, das nicht sein kann,
für manche nicht sein darf
und dennoch ist,
weil es so sein muss.

von einem, der ausgestoßen ist,
ein monster in den augen derer,
die ihn herausrissen,
in seiner heimat gottgleich verehrt.

von einer, die stumm ist,
nur spricht mit den händen,
aber die einzige, die ihn versteht,
die ihn liebt.

es findet zusammen, was zusammen
nicht passt, aber dennoch zusammengehört,
schwer zu verstehen für manche,
ein ärgernis für so viele.

alles leben keimt auf im wasser,
und dahin auch kehrt es zurück,
da wird es auch möglich,
das buntheit schwarz-weiß ist.

hör zu dem wasser, lausche den wellen,
sie flüstern und singen noch heute
von der alten schönen zeit –
als salbe gegen die wunden der welt.

Alles das, und noch viel mehr!

Über den Titel einer Vorlesungsreihe von Robert Gernhardt

Es wird gern in unsern Zeiten –
keiner wird das hier bestreiten,
drum sei's frei herausgesagt –
nach dem Nutzen nur gefragt.

Grade Lyriker, Poeten
müssen dem entgegentreten,
schaut man auf Gedichte hin,
suchen viele einen Sinn.

Was soll Lyrik heut bedeuten?
Wozu ist sie zu verbreiten?
Wurde je ein Weltproblem
weggeräumt durch ein Poem?

Kann sie unser Wissen mehren,
möglichst ohne zu belehren?
Kann sie knapp zusammenfassen,
was wir lieben, was wir hassen?

Schafft sie, uns Mut zuzusprechen,
leiden wir an Not, Gebrechen?

Liegt es ihr, uns zu bereichern,
hilft sie uns beim Werte speichern?

Kann uns Lyrik auch vergiften,
oder etwa Frieden stiften?
Kann sie Fremde näherbringen?
Kann sie ohne Noten singen?

Ist Zynismus ihr zueigen?
Wird sie uns auch Böses zeigen?
Überzeugt sie durch Humor?
Kommt auch mal kein Reim dort vor?

Ist ihr's oftmals zum Verzweifeln?
Möchte sie die Welt verteufeln?
Wo uns schwer fällt mancher Schritt,
leidet sie dort mit uns mit?

Kennt sie auch das Kinderlachen?
Lässt sie's hin und wieder krachen?
Prägt sie Theorie allein,
oder kann sie menschlich sein?

Spricht sie nur in hohen Tönen
von dem Guten, Wahren Schönen,
oder auch mit Knalleffekt
hier und da im Dialekt?

Zeigt sie schonungslos Bilanzen,
um dabei mit uns zu tanzen?
Ist sie kritisch, ist sie fair? –

Alles das – und noch viel mehr!

Zauberlehrling – light

Meister weg,
Lehrling keck
spielt jetzt Chef.
Was ein Bluff!
Kein Geschick,
Überblick
fehlt total –
großer Knall.
Nichts gepeilt,
Lehrling heult.
Meister kommt
und macht prompt
all den Dreck
wieder weg.

Spiegelung

Es wirkt im Leben vieles oft gespiegelt.
Vielleicht liegt darin auch ein tiefrer Sinn.
Wir schauen allzu gern zur Täuschung hin.
So vieles bleibt am Schluss für uns versiegelt.

In vollem Umfang und stets ungezügelt.
Es zeigt die Wahrheit letztlich, wer ich bin.
Die Lüge ist Fassade und bleibt dünn.
Hat man sich in sich selbst auch eingeigelt.

Im Leben kreuzt wohl manches unsere Wege.
Sehr viele Dinge sind uns nicht genehm.
Das Schöne scheint oft einfach zu verstehn.

Es kommt sich einiges rasch ins Gehege.
Das Wichtigste ist: stetig weitergehen.
Der Anfang ist als Ende zu verstehen.
Das Wichtigste ist: stetig weitergehen.
Es kommt sich einiges rasch ins Gehege.

Das Schöne scheint oft einfach zu verstehn.
Sehr viele Dinge sind uns nicht genehm.
Im Leben kreuzt wohl manches unsre Wege.

Hat man sich in sich selbst auch eingeigelt.
Die Lüge ist Fassade und bleibt dünn.
Die Wahrheit zeigt mir letztlich, wer ich bin.
In vollem Umfang und stets ungezügelt.

So vieles bleibt am Schluss für uns versiegelt.
Wir schauen allzu gern zur Täuschung hin.
Vielleicht liegt darin auch ein tiefrer Sinn.
Es wirkt im Leben vieles oft gespiegelt.

Natürlich kann man reimen

Metamorphosen über einen Satz von Dennis Scheck

Meist fragst du dich zuerst: Wie fang ich an?
Oft reicht eine Idee nur, eine Phrase,
die gibt genug Stoff, schau'n wir, was gelingt.
Der Same wird zum Sprössling – na, und dann?
Du weißt nur, es nutzt nichts, wenn man's erzwingt,
denn Lyrik, das heißt Arbeit, nicht Ekstase.
Dabei hilft dir ein gut durchdachter Plan:
Natürlich kann man reimen – wenn man's kann.

Sich daran halten wird sehr schnell zur Last,
erschafft es dir doch allerlei Probleme.
Es kommt zuerst der Inhalt, dann die Form.
Zwar gelten Regeln meistens als verhasst,
doch helfen sie dir letztlich ganz enorm,
denn selten kommt dir Hilfe, meistens Häme,
dann wirst du sehen, was du davon hast:
Natürlich kann man reimen – wenn es passt.

Und gib mir nicht zu viel auf das Gefühl!
Erliegst du ihm, entpuppt sich's als Betrüger,
es wird dir eine lange Nase dreh'n
und treibt mit dir ein gottverdammtes Spiel.
In seinen Wogen kannst du untergeh'n,

doch wärst du von euch beiden gern der Sieger,
gib etwas auf Exaktheit und auch Stil:
Natürlich kann man reimen – wenn man will.

Das Große wird auf kleinsten Raum gestaucht
und was man denkt in Verse eingebunden,
ein Kosmos, groß, unendlich, doch begrenzt,
dem Regelwerk ist Leben eingehaucht,
das oft das kleinste Licht mit Lorbeer kränzt –
na gut, *den* Sprachstil hab' ich überwunden.
Da merkt man, wenn der Sinn ins Leere taucht:
Natürlich kann man reimen – ob man's braucht?

Schostakowitsch 5

Er hat komponiert,
wird scharf kritisiert,
dem Tönechaot
droht man mit dem Tod.

Er hat reagiert,
etwas Neues kreiert,
mit viel Phantasie
noch eine Sinfonie.

Man achtet auf ihn,
schaut ganz genau hin,
dann wird uraufgeführt,
alle sind fasziniert.

Sozialistisch-real
klingt es auf jeden Fall,
die Masse liebt's sehr
und Stalin noch mehr.

Doch hinter den Noten
ist Vorsicht geboten,
scheint Jubel gelungen,
wirkt der nur erzwungen.

Es fordert der Staat,
das zu jubeln man hat,
kommt wer ins Gehege,
dann hagelt es Schläge.

Er hat komponiert,
zugleich triumphiert,
bekommt Brief und Siegel,
zeigt allen den Spiegel.

Einfallslosigkeit

Am Anfang steht ein weißes Blatt,
weil man noch keinen Einfall hat.
Ein erstes Wort, dann zwei, drei, vier,
ein fünftes – auch das schaffen wir.
Lässt noch der Einfall auf sich warten,
der Anfang ist ganz gut geraten.

Nun könnte man mit solchen Sachen
ja ohne Zweifel weitermachen,
doch merken wir rasch mit der Zeit,
ganz ohne Einfall geht's nicht weit.
Doch weder Einfall noch Idee
erscheinen heut', wie ich das seh.

Ich finde ja, das geht zu weit!
Da sitz' ich hier die ganze Zeit,
um etwas Hübsches zu kreier'n,
nur fürcht' ich, heut' wird nichts passier'n.
Anstatt, dass mich die Muse küsst,
hat sie sich hinterrücks verpisst.

Na warte, der wird' ich es zeigen:
So schnell bringt man mich nicht zum Schweigen,
dann dicht' ich davon, kurz und knapp,
das ich heut' keinen Einfall hab.

Hat mancher Koch auch nichts im Haus,
kommt doch was Gutes dabei raus.

Der Künstler braucht, das ist zu seh'n,
zur Kunst nicht unbedingt Ideen.
Auch ohne Muse geht es mal
gelegentlich, von Fall zu Fall,
da kommt man doch erheblich weit
mit purer Einfallslosigkeit.

Von den zwei Wahrnehmungen

So manch ein Wortgebildebinder
erweist sich rasch als Sprachenschinder,
und viele Textgebindebilder,
die treiben es schlussendlich wilder.

Nur einige Versverschränkungsschmiede,
die werden in der Tat nicht müde,
Buchstabengitter so zu biegen,
um einen Sinn hineinzukriegen.

So werden sie Gedankenschnitzer,
sie nehmen viel Humor und Witz her,
so schlagen sie Kultur die Bresche,
die Paraphrasenmeisterköche.

Sie sind die Kunstzusammenfüger,
die Immererstsichselbstgenüger;
die schnöde Welt sieht das viel schlichter –
für sie sind's Lyriker und Dichter.

Die große Story

Wie man als Redner und Schriftsteller auf jeden Fall Erfolg hat.

Das Publikum, das ist ein Tier,
es steht auf große Brocken,
mit Raffinesse und Sprachgespür
da kann man es nicht locken.

Die große Story muss es sein,
so Hollywood-like eben.
Am Anfang steigt man harmlos ein
ins ganz normale Leben.

Dann plötzlich kommt der große Bruch,
es folgt die tiefste Krise,
es scheint, als drückt ein schwerer Fluch,
den man besiegen müsse.

Darauf, wie kann es anders sein,
folgt Einsicht und Erkenntnis,
man sieht die eignen Fehler ein,
für alles gibt's Verständnis.

Und schließlich naht das Happy-End,
seht, wie sich alle lieben.
Solch Schema ist ein Dauertrend,
das ist nicht übertrieben.

Wer stets Geschichten so erzählt,
kann lange oben bleiben
und wird als Starautor die Welt
ein Stück vor sich hertreiben.

Wenn man nur Schema F bedient,
wo bleibt denn da die Kunst.
Weil man mit der kein Geld verdient
ist sie nur blauer Dunst.

Wer wirklich schreibt, tut's nicht für's Geld
allein, das wäre Stuss.
Ihn stört nicht der Geschmack der Welt,
er schreibt halt – weil er *muss*!

Tattoos

Gedanken zum Thema
beim Toastmaster-Stegreifredenwettbewerb

Bilder,
die uns
berühren,
verführen,
erregen,
bewegen,
entsetzen,
einschätzen,
erinnern –
liegen im Innern.

Bilder,
die uns
erfreuen,
entzweien,
betören,
verstören,
ernüchtern,
einschüchtern
mit Schmerzen,
liegen im Herzen.

Bilder,
die uns
aufrütteln,
durchschütteln,
zerschlagen,
hinterfragen,
vernichten,
aufrichten,
das Hoffnung nicht fehle,
sind Tatoos der Seele.

Ein Unmensch

Nach den „Ein Mensch"-Gedichten von Eugen Roth

Ein Unmensch gönnt, das zeigt sich schlicht,
was gut und schön ist and'ren nicht.
Er denkt, man hätt's ihm weggenommen,
weil er ja stets zu kurz gekommen,
drum wächst bei ihm auch mit der Zeit
die Missgunst, aber auch der Neid.
Für ihn bestehen eig'ne Welten,
was and're können, darf nichts gelten,
weil denen, stellt er fest, gequält,
bei allem ja der Durchblick fehlt.
Er selbst, Kritik bleibt unbeachtet,
hat alle Weisheit schon gepachtet,
und damit prahlt er gern herum. –
Wer's nicht versteht, der ist halt dumm.
Ihn aber kann man nicht belehren,
er kann sich gegen sowas wehren. –
Ein jeder Unmensch bleibt am End
halt doch beratungsresistent.

letzte worte

eine bestätigung
ihrer neuen träume…
weiß ich nicht, …
weiß ich nicht…

du musst nur
die laufrichtung ändern,
erträumst sie dir,
wenn der abend kommt
Ja – ja – ja.

zum ersten mal
etwas aus liebe getan.
hört das nie auf?
es gibt ein wiedersehen.

„ein schöner traum",
sagte die rättin –
mein freund,
mein vaterland.

Leverkühn

Gedanken zu Thomas Mann

Höchste Höhen
endlich erreichen,
aber aufgepasst,
Eitelfrucht erntet
schlussendlich Satan!

Frankfurter Limericks

In de Kleinmarkthall war ma en Mezjer,
noch liewer als Worscht aß er Plätzjer.
        Die fand er so lecker,
        er schult um uff Bäcker.
Kerl, was mache Leut oft fer Mätzjer.

Im Frankforder Zoo gab's en Tiescher,
er war beim Gerangel stets Siescher.
        Dann hat merr'n gestoppt,
        denn er war gedopt:
Was willste mit so em Betrüscher.

Die Eintracht, die hat jetzt en Kicker,
uff den hält kaan Mensch große Stücker.
        Der schießt immer nor
        Ins eischene Tor,
der Manschaft bringt so was kaa Glück mehr.

In Enkheim schafft lang schon en Schreiner,
der wird, wann er lüscht, immer kleiner.
        Un jetzt isser bloß
        en Meter noch groß,
dadezu wird er immer gemeiner.

Am Eiserne Stesch war'n zwaa Fraue,
die hat merr versucht zu beklaue.
    Des war escht verkehrt,
      dann es wurd sisch gewehrt:
die hawwe die Diebe verhaue.

Es sang an de Frankforder Oper
en Tenor, des war en ganz grober,
    da schmiß merr en naus,
      der macht sich nix drauß,
schafft jetzt in de Wertschaft als Ober.

En Wirt aus de Freßgass', der hatte
In saaner Küsch Mäuse un Ratte.
    Was hat er gemacht?
      Ganz einfach – geschlacht!
Jetzt steh'n se als Wild uff de Karte.

In de Höchster Altstadt, da wohnte
en Kerl, der sei Sache stets schonte.
    Jetzt hat mer'n beklaut,
      was er kaum verdaut,
weil er merkt, des sisch all des net lohnte.

Der OB von Frankford, der war glatt
als geesche den Aufbau der Altstadt.
  Heut isser defür,
  dadraa sehe mir,
was politische Meinung fer'n Wert hat.

In de Altstadt hab isch wen getroffe,
der hat aus'm Brunne gesoffe.
  „Des is net gesund,
  dadrin bad't jeder Hund."
Wird er krank jetzt? – Merr wolles net hoffe.

Im Ostend gab's en Afrikaner,
ihr Leut, des war der vielleischt aaner.
  Mit Bus oder Bahn
  is er als schwarz gefahr'n,
doch beschwert hat sisch deswesche kaaner..

Im Westend gab's zwa aale Schachtle,
die daahde ihr Männer nor dachtle.
  Doch die, korzerhand,
  klatschde se an de Wand.
Von da kann merr se jetz abspachtele.

194

En Ebbelwoiwert hat zwaa Katze,
die aa weiß un die annern e schwarze,
      die mache indess
      alle Gäste nervös,
un schneide als komische Fratze.

An de Paulskersch da saß en Schriftsteller,
un kaaner wie der schaffte schneller.
      Der schrieb, des is wahr,
      fünf, sechs Büscher im Jahr,
doch bis heute nischt einen Bestseller.

E Mädsche aus Nied, war kaa Niete,
hat von de Figur was zu biete.
      De Inhalt vom Kopp
      war awwer en Flop,
sie duut heut' de Lade noch hüte.

Frankfurt

Ballade über die erste Strophe des Gedichts „Frankfurt"
von Friedrich Stoltze (1880)

Schon dausend Jahr un länger noch
stehst du jetz hier am Maa,
dei Skyline un die Klappergass
– so kennt disch Groß un Klaa.
Ob Kaiser, Freistadt, Parlament,
so viel is hier gescheh'n,
im Kriesch sah disch so mansches Kind
zerstört in Flamme steh'n.
Egal wie hart die Zeide war'n,
stets kamst de neu zurück,
dei Art, die haste nie verlor'n,
kennst Kummer un aach Glück.

Es is kaa Stadt uff der weite Welt,
die so merr wie mei Frankfort gefällt,
un es will merr net in mein Kopp enei:
Wie kann nor e Mensch net von Frankfort sei

Als Börse- un als Bankestadt
bekannt in aller Welt.
Doch fließt dorsch disch noch weitaus mehr
als nor des große Geld.

In Hibbdebach un Dribbdebach
find's wahre Lewe statt,
wie's Stoltze un aach Goethe schon
so schee beschriwwe hat.
Un ganz egal, woher merr kimmt,
ob hier gebor'n, ob Gast,
ferr disch sin alle Mensche gleisch,
weil du e groß Herz hast.

Es is kaa Stadt uff der weite Welt...

Wer nor dorsch deine Gasse geht,
verfällt dem Zauwer schon:
die Hauptwach', de Liebfrauebersch,
de Römer un de Dom.
Ob Eintracht odder Ebbelwoi,
du duust uns nix erspar'n:
die ganze Welt is hier zu Gast,
doch mir sin hier dehaam!

Es is kaa Stadt uff der weite Welt...

AUS DEN FUGEN

Schuss-Psalm

Anlässlich eines Segnungsgottesdienstes für das Gewehr AR-15, abge-
halten von der „World Peace and Unification Sanctuary Church" in
Pensylvania

Gott beschütze meinen eisernen Prügel,
auf dass ich bestehen kann im Angesicht meiner Feinde.
Sie sind voller Hass, aber du, Herr, gabst mir die Kraft
sie hinwegzufegen mit einem Schlag.
Du schaffst den Sieg mit deiner gewaltigen Rechten,
stärke mir mein Rohr, damit es tilgt alle Schande der Welt.
Lass mich stets bereit sein zu schießen, ohne zu fragen,
und ob ich auch wandere im finstern Tal,
ich fürchte kein Unheil,
denn du hältst immer eine Patrone in meiner Kammer,
du allein weißt, ich bin dein Knecht, dazu außersehen,
für dich zu streiten, um unseren Feinden,
den Einwanderern, den Amokläufern
und auch den Andersdenkenden mutig entgegenzutreten.
Fallen auch tausende zu meiner Seite,
mir zur Rechten zehnmal tausend,
so werde ich sicher treffen.
Segne, oh Her, meinen strammen Eisenstab, denn ich habe
den größten, den dicksten und den längsten,
dann werden deine Feinde nimmer bestehen.
Halleluiah, Amen, Gott, du mein Gott,

du bist mein Schutz und mein Schild,
so bin ich dein schlachtender Arm,
auf das ich der Verdammnis entgehe, denn dank dir
ist mein Gewehr der Weg zum Guten.
Amen!

Deutschlandhymne – Genderversion

Über den Vorschlag, die deutsche Hymne aufgrund ihrer Frauenfeind-
lichkeit, umzuschreiben.

Einigkeit und Recht und Freiheit
und vor allem Gendertum,
das allein bringt Deutschland Segen,
festigt weltweit seinen Ruhm.
Mann und Frau und drittgeschlechtlich,
alles findet Heimat hier:
Jedem Tierchen sein Pläsierchen,
unser Deutschland lieben wir.

Dumme, Kluge, Große, Kleine,
alt, erwachsen oder Kind,
und natürlich alle Menschen,
die herausgefordert sind,
sei's am Körper oder Geiste,
ob sie arm sind oder reich.
Alle Menschen sind Geschwister
und – verdammt noch einmal – gleich.

Deutschland, Deutschland über alles,
über alles wird geschimpft,
wenn's politisch nicht korrekt ist
und man schnell die Nase rümpft.

Darum halten wir *den* Schnabel
auch *die* Klappe – dann ist Ruh':
Wer nur schweigt, macht keine Fehler,
aber lernt auch nichts dazu.

Rippendiebstahl

Schwarzhumorige Groteske zum Weltfrauentag, basierend auf einer
Pointe von Fredl Fesl

Gott hatte Adam, als er schlief,
'ne Rippe rausgenommen.
Der hat dafür im Gegenzug
Eva zur Frau bekommen.

Er freute sich darüber sehr,
fand sie schön anzuschauen.
Doch hatte er alsbald erkannt:
Es gibt viel Stress mit Frauen.

Sie nahm die Frucht von Gottes Baum,
die Schlange sprach: „Genieße!".
Im Zorn warf Gott dann Mann und Frau
raus aus dem Paradiese.

Von da an ging's wie's heut' noch geht:
Die Frauen kommandieren;
der Mann, der sagt schon lang nichts mehr,
er muss nur noch parieren.

Und wenn ein Mann heut' Kummer hat,
schaut er auf seine Sippe

und denkt: All das begann doch mit
dem Diebstahl einer Rippe.

Vielleicht soll's ja ein Gleichnis sein,
dann würd' man klüger draus:
Fängt einer erst das Stehlen an
kommt nie was Gutes raus!

Die Ballade vom Pessach-Hasen

Zur AfD-These von Jörg Meuthen, die Abschaffung des Begriffs „Os-terhase" sei eine Unterwerfung vor dem Islam

Als Jesus mit den Seinen beim Pessachmahle war,
saß bei den Tischgenossen ein Hase offenbar,
hat mit ihnen getafelt, nicht Lamm, nicht Brot noch Wein,
nur ein paar bunte Eier – mehr musste es nicht sein.

Und nach dem Mahle gingen sie nach Gethsemane.
Dort bat Jesus den Vater, dass er den Kelch nicht seh' –
Er weinte, doch die Jünger, sie schliefen alle ein,
es wachte nur der Hase, der blieb bei ihm allein.

Dann kamen die Soldaten und brachten Jesus fort,
die Jünger, schrecklich feige, sie flohen von dem Ort.
Vor Kaiphas und Pilatus stand Jesus im Gericht,
der Hase blieb stets bei ihm, denn er verließ ihn nicht.

Und Jesus wurd' verurteilt zum Tod auf Golgatha,
sein Kreuz dorthin zu tragen für ihn beschwerlich war.
Ihm folgten viele Menschen, sie sahen, wie er litt,
inmitten dieser Menge kam auch der Hase mit.

So ging's zur Schädelhöhe, am Kreuz starb Jesus dort,
sie nahmen ab den Leichnam und trugen ihn rasch fort.

In einem nahen Garten sollt er begraben sein,
der Hase schlüpfte heimlich mit in das Grab hinein.

Am dritten Morgen aber trat Jesus aus dem Grab
und schüttelte die Fesseln des Todes endlich ab.
Und außerdem, das merkte wohl nie ein Mensch bis heut',
es folgte ihm ein Hase – und der hat sich gefreut!

Die Jünger und Apostel, die taten ihre Pflicht;
Sie priesen Jesu Rückkehr, doch die des Hasen nicht.
Alleine bei den Kindern es die Geschichte gibt,
drum ist auch unser Hase an Ostern so beliebt.

Nachtrag

Jetzt folgt wohl Köpfe schütteln, man glaubt mir nicht, ich seh':
Es ist die reine Wahrheit! Fragt doch die AfD!
Denn dass der „Osterhase" heut' nirgends mehr so heißt,
allein die Unterwerfung vor dem Islam beweist.

Es stimmt, die Kinder finden den Osterhasen toll,
doch ist er, sollt' man wissen, kein christliches Symbol.
Für Fruchtbarkeit und Leben steht er schon lange nun,
mit Christi Auferstehung hat er nicht viel zu tun.

Wer solchen Irrsinn gutheißt, der glaubt auch, oder nicht?,
am Ende jede Zeile von hiesigem Gedicht.
Der Hase ist nicht Jude, nicht Moslem oder Christ,
weil er schlicht nur ein Hase und sonst nichts weiter ist.

Die Anstalt

Morgen weise ich mich in die Anstalt ein,
denn dort nur sind alle normal.
Da gibt's weder Fassade noch schönen Schein,
nach der eig'nen Fasson kann man selig sein. –
Im Grunde ist das ideal.

Die eigene Welt allein ist A und O,
der Alltag hat hier nichts verlor'n.
Hier ist niemand neidisch, man lebt einfach froh
wie ein Kind in den Tag, das ist nun einmal so.
Da fühlst du dich wie neu gebor'n.

Wer ist Arzt, wer Patient – keiner weiß das exakt,
doch könnte man das so begründen:
Der Arzt hat die Schlüssel, das ist einmal Fakt,
aber abgeseh'n davon, das sei auch gesagt,
ist kein Unterschied weiter zu finden.

Alle lächeln und kichern ganz still vor sich hin,
weil sie nur sich selber genügen.
Auch Verrücktheit im Leben, sie hat ihren Sinn,
was immer auch kommt, sie nehmen es hin,
am Ende wird alles sich fügen.

Die wahren Verrückten, die sitzen nicht hier,
sie spielen sich auf in der Welt.
Sie folgen den Trieben und werden zum Tier,
für ihresgleichen regt sich kein Gespür,
weil ein jeder sich selbst nur gefällt.

Zwar fühlt man hier drinnen sich auch oft allein,
allerdings wird's nicht immer zur Qual,
Dafür gibt's Medizin, die pfeift man sich rein.
Morgen weise ich mich in die Anstalt ein,
denn dort nur sind alle normal!

Haus St. Afra

Von den „irdischen Freuden"???

Als ich durchs Bahnhofsviertel kam,
da sprach mich eine Dame an:
„Willst du heut was erleben? –
Ich kann dir vieles geben!!
Es wartet auf dich eine Nacht,
wie du sie bisher nicht verbracht.
Für Geld bekommst du Freuden,
da wird man dich beneiden!"

Die Frau war groß und gut gebaut,
hat das, worauf Mann gerne schaut,
in überreicher Fülle,
verpackt in schöner Hülle.
Sie war, so hab' ich festgestellt,
vom ältesten Betrieb der Welt;
sich mit ihr abzulenken,
dies schuf bei mir Bedenken.

Das ist, weil ich katholisch bin –
da geht man nun einmal nicht hin
zu solchen Frauenzimmern,
das würde viel verschlimmern.
Zwar hab ich Freundin nicht noch Frau,

doch fühlt man sich wie eine Sau –
geht man erst in Bordelle,
dann winkt sogleich die Hölle.

Da denk' ich, so zum Zeitvertreib:
Wie wär's, wenn ich dem Papst mal schreib
und ihm einmal erkläre,
was wirklich nötig wäre:
Es gibt Probleme oft beim Mann,
die er nur dadurch lösen kann,
indem er folgt dem Triebe,
dabei ging's nicht um Liebe.

Die Lösung wüsste ich ganz schnell:
Ein gut katholisches Bordell
für andachtsvolle Stunden –
dafür gäb's reichlich Kunden.
Dies Haus, das fände ich gescheit,
der heil'gen Afra wär' geweiht,
dass jeder Gläub'ge sofort wüsst,
woran er hier letztendlich ist.

Katholisch ist das Personal,
so ist es recht, nur manches Mal
wird's auch Ausnahmen geben,
wir sind bunt wie das Leben.
„Katholisch" „allumfassend" heißt,
die Mitarbeiterschaft beweist
das auf die schönste Weise -
doch hat das seine Preise.

Es wär' ein ehrenwertes Haus.
Wer pädophil ist, fliegt gleich raus,
auch and're Schweinereien,
die sind nicht zu verzeihen.
Zuhälterei, Brutalität
ist etwas, das hier gar nicht geht;
die Mitarbeiter werden bald
und über Durchschnitt gut bezahlt.

Hier gibt es weder Launch noch Bar,
man findet dafür offenbar
ein Schmuckstück von Kapelle.
Dort sitzt an gleicher Stelle
zu jeder Zeit ein Gottesmann,
bei dem man alles beichten kann,
er kennt das Bußregister,
und glaubt mir – das genießt er.

Fehlt einem Kunden mal die Kraft
für allzu große Leidenschaft,
hilft gegen alle Nöte,
nichts mehr als Stoßgebete.
Geht manchem andern, welch ein Graus,
während der Nacht die Puste aus,
so lautet die Empfehlung
des Hauses: Letzte Ölung.

Doch auch die heil'ge Männerschar
besteht aus Könnern, das ist wahr.
drum findet sich im Anschluss gleich,
groß angelegt, der Gay-Bereich.
So manchen Kirchenfritzen
bringt dieser Ort ins Schwitzen,
zur Hand ist stets ein Priester,
und was jetzt kommt, das wisst ihr.

Ist so ein Ort erstrebenswert?
Wer weiß? Vielleicht wär's nicht verkehrt.
Es würde dies Vergnügen
zumindest offenliegen.

Denn heimlich, bei geschloss'nen Tür'n,
wird sowas heute schon passier'n.
Solch ein Platz ist gefährlich,
doch wenigstens auch – ehrlich!

Schafsträume

Nach Motiven aus dem gleichnamigen Märchen
von Christina Kupczak

Wisst ihr, was die Schafe träumen,
nächtens unter Weidenbäumen?
Könnte man das alles sehen,
wär's doch schwierig zu verstehen.

Mögen sie auch dämlich schauen,
dürfen wir darauf vertrauen,
dass in ihres Schlafes Welten
völlig and're Regeln gelten.

So erschienen dort fünf Damen,
die, wenn sie zusammenkamen,
losbrachen in Streiterei,
was die Kirche Christi sei.

Protestantisch, calvinistisch,
russisch-orthodox, katholisch,
freikirchlich kam auch dazu –
das Quintett gab keine Ruh'.

Dann kam plötzlich die Ermahnung:
„Menetekel – letzte Warnung!

Auftrag aus dem Gottesreich:
Gehet hin und einigt euch!

Vierzig Tage müssen reichen,
um die Fronten aufzuweichen!
In der Vorstadt macht euch breit,
fangt jetzt an, nutzt gut die Zeit."

Erst kam Zank, dann war man offen,
hat dort vieles angetroffen,
Juden, Moslems, selbst den Teufel
und sehr oft so manchen Zweifel.

Als sie sich noch mehr verirrten,
kamen ihres Wegs zwei Hirten,
einer freundlich, ernst, geschwind,
einer riesig und fast blind.

Es vermochten die Gesellen
alles auf dem Kopf zu stellen;
was den Damen sicher schien,
war mit einem Mal dahin.

Kirche muss heut' nichts verkaufen,
sondern sich zusammenraufen,
sie muss Hirte sein für Schafe,
scheint's auch manchmal eine Strafe.

Dann weicht selbst der schlimmste Zweifel,
es hat weder Tod noch Teufel
eine Chance, uns zu vertreiben,
wenn wir fest im Glauben bleiben.

Dazu braucht es gute Ruhe,
ein paar feste Wanderschuhe,
Wasser für die heißen Tage,
und auch Segen – keine Frage!

Wisst ihr, was die Schafe träumen?
Nein? – Ihr werdet viel versäumen:
Schafe träumen sicherlich
schöner noch als du und ich.

Virtuell und reell

Erfolgreich, angesehen,
von allen geliebt,
wenn der Browser es will,
attraktiv, wunderschön,
weltmännisch geübt,
steh'n die Daten nicht still.

Du bist, was du zeigst
im Onlinebetrieb,
täglich ein neues Bild.
Dumm von dir, wenn du schweigst,
dann kommt ein neuer Typ,
der die Show dir rasch stiehlt.

Bist du nicht vernetzt
im Datengestrüpp,
so bist du gleich weg,
wirst nicht mal gehetzt,
man hat dich nicht lieb,
du bist nur noch Dreck.

Der Mensch gilt nur was,
wenn er ganz für sich
eine Website besitzt,
versagt er sich das,

so sieht er das „dich",
dass das „ich" unterstützt.

Doch du betest täglich
drei Datenunser,
weil das nur dich hält,
denn du wirkst so kläglich,
siehst dich nicht um mehr,
irreal ist die Welt.

Einstellungsgespräch

Gestern hat's bei mir geläutet
ich mach auf – und siehe da:
Der Tod selbst stand vor der Tür

„Haben Sie heut nichts erbeutet?",
fragte ich, als ich ihn sah,
„Sind Sie denn auch richtig hier?"

„Ganz bestimmt. Darf ich eintreten?
Grad' zu Ihnen wollte ich.
Keine Angst, Sie dürfen bleiben."

Tja, nun sah ich mich in Nöten,
nicht beruhigend sicherlich
wirkte auf mich dieses Treiben.

„Bitte, sei'n Sie mir willkommen",
sprach ich, „Nehmen Sie doch Platz!".
Doch er zog es vor zu stehen.

„Hör'n Sie, nur mal angenommen",
brachte er hervor den Satz,
„wie wär's, wenn Sie mit mir gehen?

Aber nicht, was Sie jetzt denken,
vielmehr als mein Assistent,
Außendienst, die Leute holen.

Sie auf jenen Weg zu lenken,
braucht's den richtigen Moment."
Ich sah ihn nur an verstohlen.

„Nun", so fuhr er lächelnd weiter,
„die Bezahlung ist nicht schlecht,
auch die Ausstattung komplett,

Sanduhr, Sense", sprach er heiter,
„alles streng geprüft und echt,
und zu dem Gesamtpaket

kommt gesellschaftlicher Aufstieg,
ist der Job auch mal nicht schön,
haben Sie etwas davon,

denn in jedem Augenblick
wird man Sie mit Ehrfurcht seh'n,
quasi als Respektsperson.

Auch gibt's Aufstiegsmöglichkeiten:
Wenn Sie gut sind an der Front –
und das ist kein Hirngespinst -

warten rasch auch bessere Zeiten,
Ihre Mühe wird belohnt,
dann geht's in den Innendienst.

Verbeamtung ist hier üblich,
keinesfalls nur Utopie,
seien Sie nicht irritiert,

nicht auf Lebenszeit, nur ewig.
Das wär's! – Na, was sagen Sie?
Sind sie daran interessiert?"

Lang hatte er so gesprochen,
zeigte mir dann die Papiere,
tja, ich unterschrieb sofort.

Leider hat er's abgebrochen,
es war alles nur Satire,
und flugs, war er wieder fort.

Wenn der Tod nun nochmal käme,
meinte es dann völlig ernst,
stellte neu das Angebot,

ich ging mit ihm, ohne Häme,
weil du Neues kennen lernst.
Wer nicht weitergeht, ist tot.

Guggemerrmal

Zur Verwendung des Wortes „diverse" für das dritte Geschlecht

Merr hat jetzt juristisch guud festzemendiert,
des ab sofort e dritt Geschlescht existiert.
Da haste im Ausweis beim Genus die Wahl
zwische „männlisch", „weiblisch" un „guggemerrmal".

So e „Guggemerrmal" versetzt uns in die Laache,
Entscheidunge jeschlischer Art zu vertaache.
Werd's in erer Debatte mal arsch unbequem,
seschste „Guggemmal" – un fort isses Problem.

Des Wörtsche is Zeitgeist, un zwar in dem Stil,
dasses dem ebbes nützt, der net waaß, was er will.
Privat, im Beruf, in de Politik,
dademit geht's vorran – ferr de Aacheblick.

Uff lange Sischt lähmt des – jemand sescht sischerlisch:
„Wann ihr nix entscheidet, entscheid ewe isch."
Was anfangs bequem is, leescht letztlisch die Spur
vom „Guggemerrmal" hin zur Diktatur.

Neutral

Ich bin neutral, ich halt mich raus,
damit kenn' ich mich bestens aus,
Konflikte, Spannung, Standgericht,
das alles interessiert mich nicht,
das Leben ist so wunderbar
und einzig zum Genießen da!

Ich fühle mich dort gut behütet,
wo man mir Unterhaltung bietet,
doch kann ich nur zufrieden sein,
bläst man mir Zucker hinten rein.
Den holden Frieden darf nichts stör'n,
Hauptsache ist, man hat sich gern.

Bei denen, die Programm dort machen,
kann es zwar manchmal heftig krachen,
wer da nicht reinpasst, wird gehetzt
und schließlich vor die Tür gesetzt.
Hat man ihm Unrecht angetan?
Gut möglich – doch mich geht's nichts an!

Bedauernd hab ich's registriert,
weil so jemand meist talentiert,
ich denk' nur: Bleib neutral sodann,
weil ich ja eh nichts ändern kann.

Der beste Mann, jetzt ist er fort;
Ich bleib neutral, und sag kein Wort.

Ein Könner musste geh'n, na und?
Das hatte sicher seinen Grund.
Lehn' mich zurück und warte still,
was man mir künftig bieten will,
bin um's Neutralsein sehr bemüht,
schau nur auf das, was jetzt geschieht.

Na schön, wie früher ist es nicht,
doch ist's bestimmt nur ein Gerücht,
dass man ihn weggeekelt hätt:
Die andern sind so lieb und nett.
Auch mir käm' das nicht in den Sinn,
weil ich neutral, parteilos bin.

Ich bin neutral, das ist bequem
und offenbar auch ein Problem,
weil ich nicht Position bezieh,
greift man mich an. Was denken die
sich eigentlich bei diesem Streit?
Besteht dazu Notwendigkeit?

Weswegen greift man mich jetzt an?
Bin doch neutral, hab nichts getan!
Verfolgte manchen Streit im Stillen,
nur um des lieben Friedens willen,

das ist ein altbewährter Brauch –
die andern machen's schließlich auch.

Ich bin neutral – das muss so sein,
nur steh' ich damit recht allein.
Warum springt keiner, frag ich mich,
zur Seite mir, verteidigt mich?
Die, denen ich die Stange hielt,
sie traten mir ins Kreuz – gezielt.

Jetzt sieht man mich als Schuld'gen an,
dabei hab' ich doch nichts getan!
Ich hielt mich, wo's gefragt war, raus,

doch sieht die Wahrheit anders aus.
Es geht dir hier wie überall:
Man hält sich raus und ist – neutral!

Die Ballade vom komischen Jäger

Es hat en Mann ganz üwwer Nacht
zum Adelstiddel es gebracht
un, weil sisch's ferr den Stand so ziert,
e Jachtprüfung noch absolviert.
Als dann im Herbst zur Jacht geblase
uff Wildsäu', Hersche un aach Hase,
hat er sisch nausgebutzt wie nie,
un dann ging's ab zum Hallali.

Als er so vor die Jäscher trat,
merr en komplett beläschelt hat:
„Was, so en Schönling hier im Wald!
Ganz ehrlisch, der blamiert sisch bald.
Da hat, bevor die Flinte kracht,
sisch schon des Wild halb dotgelacht!
Ihr Leut, der Spass is rischdisch geil!
Komm, nix ferr ungut – Weidmanns Heil!"

So zoch er schließlisch uff die Pirsch,
da traf er bald schon einen Hirsch,
doch wie der diesen Jäscher sah,
fing der doch glatt zu lache aa.
Ganz laut daat des Geläschder schalle -
dann is des Vieh dot umgefalle.

De Jäscher sieht's un denkt sich glatt:
Am End' zählt nor des Resuldat!

Den Hersch, den nahm er in Beschlaach.
Un so ging des de ganze Daach.
Was immer vor den Jäscher kam,
es fung sofort zu lache an,
ob Wildsäu', Hase, unbenomme,
es issen alle net bekomme.
Als dann de Ruf „Jagd aus" erschallt,
da kame alle aus'm Wald.

Doch guck, die ganze Jäscherschar
schon reschelrescht bedröppelt war.
Die hadde daachsüwwer im Wald
so viel geschosse un geknallt.
Kaa Vieh war vor e Rohr gelaafe,
defor kann merr sich gar nix kaafe.
Als endlisch unser Jäscher kam,
da hub des große Staune an.

Gut dreizeh Wildsäu', zwanzisch Hase
hadd er des Lischtsche ausgeblase,
aach fuffzeh Hersche obbe druff,
was bei de annern Neid erschuf.
Dann sescht err noch, zu ihrm Verdruss:
„Ferr all des braucht' isch net aan Schuss!"

Bis ihn en aale Jäscher fracht:
„Jetzt saach, wie haste des gemacht?"

Der sescht ganz lässisch zu dem Alde:
„Ich habb' misch nor an des gehalde,
was ihr heut moin zu mir gesaacht –
des Viehzeusch hat sisch dotgelacht!"
Der Alde nickt, er daat's verstehe,
dann hierdorsch hadd' er eigesehe:
Mescht merr sisch manschmal aach zum Affe -
des Lache is die stärkste Waffe!

Ein Brief Friedrich Stoltzes
an das Frankfurt von heute

Wann isch so uff mei Frankfortd blick
in dene jetz'sche Zeite,
dann wünscht isch merr, isch könnt's e Stück
uff seinem Wesch begleite.
Was heut so alles möschlisch is,
da weide sisch die Räume,
isch hätt' misch sowas ganz gewiss
net mal gewaacht zu dräume.

Gern habb' isch mer die Welt betracht,
hielt die Latern am Brenne.
Ganz ehrlisch, mir hat's Spass gemacht,
merr muss es so benenne.
Wann isch so euern Alldaach seh,
isch däät was dadrum gewe,
derft isch des alles, des wär schee,
aach selwer mal erlewe.

Wann merr was Neues wisse wollt –
mir mussde Briefe schreiwe,
zwaa Daach dauert die Antwort bald,
isch duu net iwertreiwe.
Heut sin die Wesche forschtbar kortz,
Sekunde duun genüüsche,

lässt aahner in Berlin en Forz,
kann merr'n in Frankfort riesche.

Kannst du net bei deim Mädsche sei,
muss disch des net verletze,
du babbelst in e Kästsche nei,
schon duut se mit derr schwätze.
Setzt du disch an dein Schreibtisch hin,
steht da en Bilderrahme,
die ganze Welt finsde da drin,
es is net zu erahne.

Des Reise is heut leischt wie nie,
ja, sogar Flugmaschine,
die traache disch zu allem hie,
aach kannste fahr'n uff Schiene.
In dem Fall, Leut, es duut merr leid,
da ännert sisch nix, dünkt misch,
es is die Bahn zu jeder Zeit,
damals wie heut', nie pünktlisch.

Wann isch in eure Kneipe sitz',
Kerl, was gebt's da zu esse,
aus aller Welt kommt's, escht kaan Witz,
un net nor hier aus Hesse.
E Weltstatt nennt merr Frankfort heut',
ei, des duut merr behaache!

Hier triffste uff en Haufe Leut',
woher, is kaum zu saache.

Doch eine Sach missfällt merr sehr,
die duu isch gar net schätze;
mei Mundart heer isch kaum noch mehr,
kann die dann noch wer schwätze?
Merr sescht: „Des will heut' kaaner heern!"
Was sin des for Gestalte?
An sowas derf merr sisch net ster'n,
ihr müsst die Sprach' erhalte.

In Frankfort denkt merr aach an misch,
merr stellt misch uff en Soggel
im Altstadtbrunne – da werk isch
grad wie en eitle Goggel.
Isch brauch kaa Denkmal un kaan Platz,
wo se nach mir benenne.
Was isch geschriwwe, is mein Schatz,
lernt zuerst den mal kenne!

Die Kutsche fahr'n jetz ohne Gäul,
un kriehje Öl zu trinke,
beim Fahre gibt's e laut Geheul,
aach duun se forschtbar stinke.
Bald wär da, hat merr mir gesaacht,
net mal en Kutscher wischdisch,

Ihr habt's ja werklisch weit gebracht,
da staun isch awer rischdisch.

Nor die, wo heut des Volk regiern,
sin alsfort noch die gleische,
weil se aach jetzt net reschistriern,
wann's besser wär, zu schweische.
Wann's teschnisch eusch aach an nix fehlt,
dann denk isch merr von drüwwe:
die Fraach, nach dem, was werklisch zählt,
is doch die selb gebliwwe.

Der große Wind

Flatulenzen-Ballade

Es wohnt ein Wind im Hosenhaus,
war er auch schwach und klein,
wollt' er doch in die Welt hinaus,
was ganz Besond'res sein.

Doch andre sprachen dann zu ihm:
„Bleib noch ein Weilchen da,
und wenn du groß bist, zieh dahin,
so wird es wunderbar.

Wer unser Haus zu früh verlässt,
nur allzu schnell verpufft,
es bleibt von ihm, als kleiner Rest,
ein bisschen heiße Luft."

„Dann sagt", sprach da der kleine Wind,
„wie werde ich schnell groß?
Was nötig ist, tu ich geschwind,
dann geht es endlich los."

Sie lächelten ihn freundlich an:
„Man isst, in hoher Dichte,
so viele Zwiebeln, wie man kann,
und reichlich Hülsenfrüchte.

Befolgst du das, so sollst du seh'n,
wird sich Erfolg bald zeigen,
willst du dann unter Menschen geh'n,
muss alles sich dir beugen."

Der kleine Wind, er hörte zu,
tat all dies nicht vergessen
und fing gleich an, ganz ohne Ruh'
und Unterlass zu essen.

Was immer dienlich seinem Zweck,
ob Bohnen, Erbsen, Linsen
und Zwiebeln – er fraß alles weg,
das brachte ihn zum Grinsen.

Und eines Tags war es soweit,
da sprach er laut, gewichtig:
„Ich gehe jetzt, es ist soweit,
die Zeit ist dafür richtig!"

Mit einem wahren Donnerschlag,
so fuhr er aus dem Hause,
den andern zog's durch Bein und Mark,
er ging auf große Sause.

Er zog durchs Land wie ein Orkan,
gleich einem schlimmen Richter,
die Menschen all, vor die er kam,
verzogen die Gesichter.

Die Luft stank schlimm, groß war die Not,
und übel wurd' es allen.
So mancher Vogel ist gar tot
von seinem Baum gefallen.

Ein Mensch stand auf und trat nach vorn;
kaum dass er ganz genesen,
da brüllte er in seinem Zorn:
„Wer ist denn das gewesen?

Die Toten weckt's in jedem Fall,
das ist ja nicht zu fassen.
Wer hat denn bitte diesen Knall
da eben losgelassen?"

Ein andrer dreht sich zu ihm um
und sprach: „Das kann passieren.
Wir nehmen's Ihnen all nicht krum,
da gibt's nix zum Genieren."

Es wohnt ein Wind im Hosenhaus,
den wir ja alle kennen,
doch zieht er in die Welt hinaus,
sind wir die, die sich schämen.

Dezemberendeferientagesonett

Gedanken zur gedankenlosen Weihnachtskarte der Bundesministerin
für Integration Annette Widmann-Mauz

Wir treten gern den andern auf die Füße,
weil wir doch auf der eignen Leitung stehen,
mag das auch niemand letztlich recht verstehen,
erhalten Sie von uns die besten Grüße

für die Dezemberendeferientage,
wir nennen's so, dass keiner aufgewühlt
sich von uns auf den Schlips getreten fühlt,
das bringt Integration in schlechte Lage.

Wir nehmen, ohne Rücksicht auf Verluste,
Rücksicht auf alle, die gern Opfer spielen,
die eigene Kultur hat dann zu büßen.

Jetzt tun wir so, als ob gar niemand wusste,
dass wir die eignen Wurzeln nicht mehr fühlen –
wir stehen so uns selbst nur auf den Füßen.

Der Nerventod

Zum Tag der Blockflöte

Man ehrt heut vieles auf der Welt,
na schön, warum nicht dich?
Zwar hab' ich für mich festgestellt,
wie wenig mir dein Klang gefällt,
doch stimmt auch sicherlich:
Du führtest Kinder dann und wann
selbst spielend an Musik heran,
das klang meist fürchterlich.
Zur Göttin wirst du für mich nie.
Türülü, tirili!

Vivaldi und auch Telemann,
sie traten für dich ein.
Da klingt's recht schön, wenn man es kann,
ich frage mich nur, dann und wann:
Muss das denn wirklich sein?
In dir steckt, wenn man ehrlich ist,
sehr viel von einem Terrorist,
denn alle Ohren kriegst du klein,
vom Tinnitus beherrscht sind sie.
Türülü, tirili!

Verbaut in kurzen langen Röhr'n,
mit jeweils einzel'nen Tönen,
als Orgel kann man dich gut hör'n,
denn da vermagst du nicht zu stör'n,
mich lässt's mit dir versöhnen.
Doch du allein als Instrument
machtest schon manchen renitent,
da gab's dann Fleh'n und Stöhnen,
nur fürchte ich, das endet nie.
Türülü, tirliiiiiiiiiiiiiiiiiiiiiiiiii!!!!!

Das Ende nach dem Ende

Heut' schreib ich nur vier Zeilen,
zu mehr hab ich nicht Lust,
man muss nichts übereilen,
das wird mir jetzt bewusst.

Auch möchte ich keine Klagen,
es käm' dabei nichts raus,
dazu kann ich nichts sagen,
drück's in acht Zeilen aus.

Das sei doch Quatsch und quätscher,
weil Inhalt nötig ist.
Zu was denn das Geplätscher? –
Das sind zwölf Zeilen Mist!

Ich dichte, wie ich möchte,
da gibt es keinen Zwang,
selbst, wenn das gar nichts brächte,
schon sechzehn Zeilen lang.

Nun steh'n hier zwanzig Reihen,
die ich jetzt präsentier,
man mög' es mir verzeihen,
denn Schluss war schon nach vier.

Neue Innenansichten

Wie sieht's wohl in der Hölle aus?
Schon lange gibt's die Frage.
Die Antwort darauf ist komplex,
doch das tritt erst zutage,
wenn man in die Geschichte blickt:
Autoren, Theologen,
die haben das Problem gewälzt
und vielerlei erwogen.

Ich lasse mich darauf nicht ein,
das führt zu Frust und Fluchen,
denn stets ist drauf die Antwort neu,
man muss sie selber suchen.
Zwar ist der Mensch noch, wie er ist,
der hat sich nicht gewandelt,
das sieht man daran, wie er meist
an and'ren Menschen handelt.

Nur die Gesellschaft spinnt sich fort,
betreibt Akzentverschiebung,
Gemeinheit findet neue Form,
man kommt nicht aus der Übung.
Wer Täter und wer Opfer ist,
das zeigt sich nicht in Gänze,

bei dieser Abwägung verschwimmt
heut zusehends die Grenze.

Die Hölle stellt sich darauf ein,
dem kann sie Rechnung tragen,
auch dort ist nichts mehr wie zuvor,
das lässt sich jetzt schon sagen.
Denn Flammen, Glut und großes Leid –
das sind olle Kamellen!
Auch hier geht man jetzt mit der Zeit,
heut kann man anders quälen.

Der Zugang ist barrierefrei
für Rollstuhlfahrer, Blinde,
auch jene, die gehörlos sind:
Wer ist schon frei von Sünde?
Auch Therapeuten ohne Zahl
sind äußerst stark vertreten,
denn all die Wachsweichspülerei
bringt viele erst in Nöten.

Die Strafe, die dort ihrer harrt,
sie zählt wohl zu den schlimmsten,
dort geht es in die Mediation,
hier trifft es meist die Dümmsten.
Man setzt sie so sich selber aus,
dass sie einander schlichten,

hier steht schon das Ergebnis fest –
sie werden sich vernichten.

Es ist des Menschen schlimmste Qual,
wenn er sich selbst begegnet,
erdulden muss, was er selbst tat:
der Teufel hat's gesegnet.
Da braucht es Feuer nicht noch Schmerz
zur Besserung auf die Schnelle,
es schafft der Mensch im Leben schon
sich selbst die größte Hölle.

Sozusaache e Form von Anerkennung

Über den Neid

Sinn aach mei Aache net die Beste,
en Farbemischmasch, weider nix,
so mach isch aus der Sach es Beste,
des stell' isch eusch mal da, ganz fix.

Die paar Prozent, die mir da bleiwe,
die reische, glaubt merr's, guud un gern,
isch glaab', isch duu net iwertreiwe,
saach' isch: Die Arweit mescht des Hern.

Aus dene Date, die da komme,
da holt des noch en Haufe naus,
es Resuldat, genau genomme,
sieht unnerm Strisch beachtlisch aus.

So schlaach' isch misch als dorsch de Alldaach
un fahr reschd guud in meine Spurn,
mei Denkmaschin, wann isch's ma so saach',
die is halt alleweil uf Tour'n.

Talende sin aach hochgekomme
dadorsch bedingt - so mit de Zeit,

nor krieht merr iwwel des genomme,
manch annern packt de gelbe Neid.

Behinnert un begabt zusamme,
oft bin isch da schon aageeckt.
So jemand dääd merr gern verdamme,
merr werd in Schublade gesteckt.

Bei Handicap is e Begabung
ferr viele doch nor hinderlisch,
dann vielfach gibt's noch die Empfindung:
Der derf net besser sein als isch!

Was hilft's, da muss merr sisch halt beusche,
is des aach keineswegs sehr schön.
Merr brauch en, um en vorzuzeische
als Quodekrübbel mit Ideen.

Un weh, es werd die Roll' verlasse,
dann werd des Ganze awwer arsch
bescheuert – denn dann duut merrn hasse,
sonst steckt er alle in die Dasch.

Doch vornerum duud merr nix saache –
mir sin ja schließlisch inklusiv –
ja, heut erledischd merr so Sache
nor hinnerum, da geht nix schief.

Mit fake news, hässlische Gerüschde
un Hetzkampagne bei de Leut,
versucht merr'n langsam zu vernischde,
des nennt merr Hinnerforzischkeit.

So Sache schluuche misch aach kleiner,
drauß zieh isch die Erkenntnis klar:
Sin heut aach die Methode feiner,
Diskriminierung is noch da!

Doch die des mache in Verblendung,
sie hawwe all noch net kapiert.
Neid is e Form der Anerkennung
halt nor beschisse präsndiert!

Lasst denken!

In der Zeit von wenig Zeit,
liebt man es nicht lang und breit,
Lesen ist, für mein Gefühl,
vielen Menschen viel zu viel.

Facebook, Instagram und Twitter
sind für Literaten bitter.
Wo viel Text zusammenhängt
wird sehr oft das Hirn gesprengt.

Schädelinhalt reicht da grad
nur zum Steuerapparat:
Essen, Trinken, einerlei,
Schlafen, mit und ohne „bei",

Sprechen ohne tief'ren Sinn,
kriegt man eben noch so hin.
Alle weiteren Funktionen
geh'n nicht mehr, würd' sich nicht lohnen.

Und der Autor fragt sich stumm:
Soll bei solchem Publikum,
ich mich wirklich groß anstrengen;
bleibt denn da noch etwas hängen?

Gut, das Handwerk und das Schreiben,
kann ja erst einmal so bleiben,
nur den blöden Denkvorgang
sourct man aus, wenn man es kann.

So ein Ziel ist leicht zu fassen,
Denken kann man schließlich lassen.
Wer's noch nicht kapiert allein
ist und bleibt ein armes Schwein.

Und auch das Ideenhaben
zählt gewiss zu jenen Gaben,
die man, das steht für mich fest,
besser andre machen lässt.

Diesen Rat will ich euch schenken,
Leute, seid so klug, lasst denken.
Blöd wird man mit Sicherheit,
doch vergißt man's mit der Zeit.

RESET

Über den Umgang mit Menschen

Es ist der Umgang mit den Menschen
im Alltag oft nicht grade leicht:
Wie schnell ist man ins Fett getreten,
damit wird leider nichts erreicht.
Daher mach ich's wie in der Technik,
ein kleiner Schritt nur, das gibt Mut,
bereitet mir ein Mitmensch Ärger,
drück ich RESET – und dann ist's gut.

Schon manches Gegenüber hab' ich
mit diesem Handgriff stillgestellt,
tief drin weiß ich, er ist mir dankbar
und nicht der Hellste auf der Welt.
Was man ihm an die Birne pfeffert,
egal, er nimmt es gerne mit,
er ist so froh, dass ich ihn dulde
und merkt nicht mal, wenn man ihn tritt.

Nur in der letzten Zeit, da scheint es,
als wäre er jetzt aufgewacht,
er drängt mich in die Enge, wehrt sich –
das ist was, dass mir Sorgen macht.
Nun ja, dass kann durchaus passieren,

es ist nur eine Dysfunktion,
das muss mich weiter nicht berühren;
ich drück RESET – dann wird das schon.

Zwar gab ein Techniker die Warnung
an mich: Vorsicht mit dem RESET!
Zerstören könnt es die Systeme,
was ungeahnte Folgen hätt.
Was soll's? – Lass die Experten reden,
ich bin niemand, den's irritiert
und drücke weiter meine Knöpfe –
bisher hat's bestens funktioniert.

Inzwischen ist der Kerl verschwunden,
bei dem ich manchen Knopf gedrückt,
mit dem RESET, da ging ich baden,
am Ende war's nicht so geschickt.
Es ist der Mensch keine Maschine,
die man beliebig programmiert,
und wehe, wenn er das mal spitzkriegt,
dann bist du es, der explodiert.

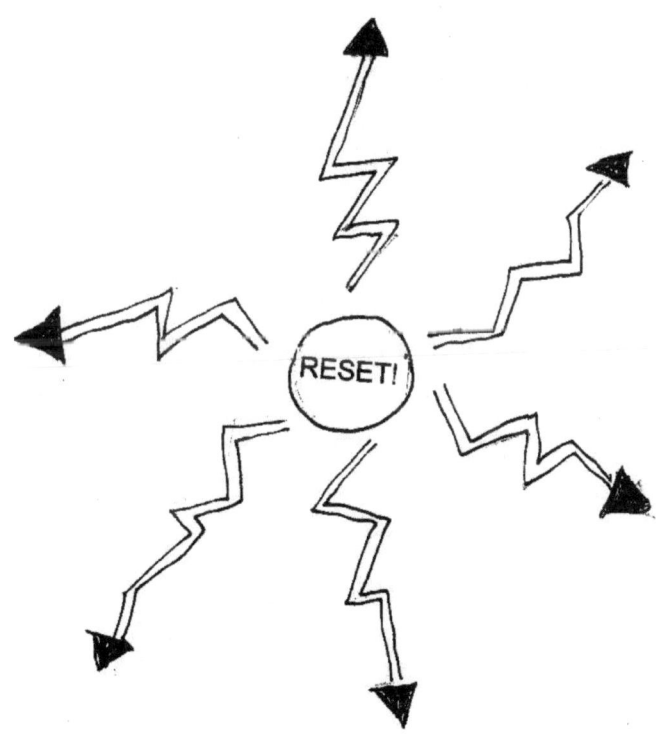

Humor – politisch korrekt

Gedanken zur Debatte über einen Intersexuellen-Witz
von Annegret Kramp-Karrenbauer

Eine Person, unbestimmten Geschlechts,
tritt genau einer solchen entgegen.
Wie beide eine aufeinander zu sich bewegen,
die eine von links, die andre von rechts,
sagt schließlich die erste zur zweiten:
„Was sind das für seltsame Zeiten!
Ich bin grade etwas am Suchen
und find's nicht, da hilft auch kein Fluchen."

Darauf sagt die zweite: „Das ist kein Problem,
da werd' ich Sie gern unterstützen.
Denn sind wir zu zweit, das kann etwas nützen,
das macht uns die Sache doch reichlich bequem."
Fast hätt' sie zu fragen vergessen:
„Was suchen Sie denn da indessen?"
Da brachte die andre zu Ohren:
„Mir ging der Humor ganz verloren."

Die zweite sprach darauf: „Wie sieht er denn aus?
Sie müssen ihn schon klar beschreiben.
Solang ich nichts weiß, lassen wir's besser bleiben,
sonst kommt da am Ende rein gar nichts bei raus."

Die erste sprach ganz unbescheiden:
„Im Humor kann ich vieles nicht leiden,
keine Randgruppendiskriminierung,
politisch korrekt in der Führung."

Sie fuhr weiter fort: „Spaß auf Kosten der Frauen
und Männer, das ist mir zuwider.
Die Bäume und Tiere, die macht man nicht nieder,
auch Namensverulkungen kann ich nicht trauen.
Die erste, mit Abwehrbewegung,
sprach drauf, ohne weitere Regung:
„Humor verlor'n haben Sie keinen,
doch fürcht ich, Sie hatten nie einen!"

Der Auszug der Vokale

Eines schönen Morgens geschah es,
dass das „o" aufstand und sprach:
„Ich habe genug! – Wie sehr
wird die Sprache gequält!

Keiner liest mehr,
keiner schreibt mehr
und wenn, dann nur kurz.
Offensichtlich werde ich hier
nicht mehr gebraucht,
macht's gut, ich geh!"

Als dies geschehen war,
fiel das erst nicht weiter auf,
aber mit der Zeit merkte man deutlich,
dass etwas anders war
als früher.

Aber die Menschen kümmerte das nicht,
sie richteten sich ein und machten munter weiter:

mit dem Weniger-Schreiben,
dem Weniger-Sprechen,
mit dem Verkürzen auf Kleinstes,

schnell merkte man, arg schlimm
ist der Verlust nun nicht.

Da sprach auch das „i".
„Was mach ich nur hier?
Wer braucht mich ernsthaft?
Macht's gut!"

Als das nun geschehen war,
wurde es langsam ernst,
manches wurde kaum machbar,
denn es klang zunehmend
bescheuert.

Da sagte das „e":
„s' war schee, ich geh!"

Das „a" und das „u",
kaum, ab und zu:
„Ach du?"
„Ja, nun!"
„Was tun?"
„Lass ruh'n!"

Tztztztztz....????

Die verrückte U-Bahn

Die Ballade vom englischen Unterhaus

Vorsicht
bei Abfahrt des Zuges,
bitte steigen Sie ein!
Zurücktreten!
(Leider zu spät)

Willkommen auf freier Strecke,
Fahrt bis Endstation Gestern.
Nächster Halt:
Falsche Versprechen.

I want my money back.
Wir sitzen alle im gleichen Zug

und reisen aufgrund von Betrug.
Die fünfte Kolonne bezahlte dafür,
und noch zehn Minuten bis Ultimo.

Nächster Halt: Irrsinn
Kennst du das Land, wo die Idioten blüh'n?
Aus deinem Reiche muss ich flieh'n,
Oh Europa, Göttin, lass mich zieh'n!
To deal, or not not deal, that's the question.
Nur noch fünf Minuten bis Ultimo!

Nächster Halt: Ul…
ORDER, ORDER!
Nichts ist getan,
null Idee, keinen Plan.
Worauf kommt es jetzt an?
Ultimo – ohje!

Next stop: Hell!
David, Boris and Nigel,
please leave the train!
According to our pope,
the hell is still empty!
Denn all denen,
die das Feuer entzünden und schüren,
wird's am schnellsten zu heiß.

Der Antrag wurde zwar abgelehnt,
aber dennoch ist anzufügen,
frauenfeindliche Abgeordnete
sind sexuell frustrierend…,
äh, nein diskriminierend.
Und schon fünf Minuten nach Ultimo!

ORDER, ORDER!
I want to take back control – and we failed.
The ayes to the right,
the nos to the left…
The ayes have it!
Wenn jenen die Augen übergehen,
haben wir die Nase voll.

End of line,
Brexit to the right.

Tag der Tage

Es kommt der Tag, an dem die Briten klüger werden,
und in Europa einen Sinn erkennen,
an dem sie sich nicht rüpelhaft gebärden,
um so ihr Land unnötig zu gefährden,
vermutlich wird man's kaum erwarten können.

Es kommt der Tag, an dem sie endlich sich entscheiden,
wie es auf ihrem Weg nun weitergeht.
Den alten Wirrwarr will man jetzt vermeiden,
dann wird der größte Zampano bescheiden,
weil niemand will, dass alles stille steht.

Es kommt der Tag, da werden wir das Klima schützen
und auf das Demonstrier'n der Jugend hör'n,
weil diese ja die Zukunft einst besitzen,
doch wird ihnen all das nur wenig nützen,
wenn wir den Lebensraum zuvor zerstör'n.

Es kommt der Tag, an dem die Demagogen
und Diktatoren sämtlich resignier'n;
zu oft hat man die Wahrheit umgebogen,
und jedermann erkennt, es war gelogen.
Dem schlimmsten Schänder kann sowas passier'n.

Es kommt der Tag, an dem sich alles Schöne
und Gute ganz auf Dauer etabliert.
Fein wär's wenn ich mich jetzt schon dran gewöhne,
es liegt der Wolf verliebt bei der Hyäne,
an jedem Ort wird Frieden registriert.

Es kommt der Tag – da hab ich eine Frage,
zu der ich gern die Antwort wissen will,
nüchtern betrachtet, sachlich und bei Tage:
Wann ist denn endlich dieser Tag der Tage?
Es ist der erste – und zwar vom April!

In meinen Träumen

Zum 70. Geburtstag des Grundgesetzes

In meinen Träumen gibt's keine Idyllen,
das hat auch Gründe nicht von ungefähr,
es fehlen dort Fassaden und die Hüllen,
wobei der Rest nicht so viel anders wär.

Da gibt es Dörfer, Felder, Wald und Städte
und auch so was wie Alltag vorderhand,
doch das, wovon ein jeder gleichviel hätte,
das wär'n Gesundheit, Tatkraft und Verstand.

In meinen Träumen würde manches fehlen –
der Neid, die Gier, die Dummheit obendrein,
da diese drei uns doch am meisten quälen,
vielleicht kann dann auch Frieden möglich sein.

Wir hätten zwar noch immer unsre Fehler,
was zu perfekt ist, macht die Menschen klein,
durch Langeweile wird das Leben schmäler:
Wie könnte sowas paradiesisch sein?

In meinen Träumen wäre Gott zugegen
und offenbarte sich gleich allen schon,
so hätte niemand mehr sich aufzuregen
über die die einzig wahre Religion.

Auch das Zusammenleben der Geschlechter,
es wäre nicht von Sex und Macht bestimmt,
die Seelenfreundschaft zählt, nur sie ist echter,
weil sie uns nicht die Luft zum Leben nimmt.

In meinen Träumen, die ich offenbare,
klingt vieles wie ein Märchen, doch allein,
es könnte glatt, das ist das Wunderbare
schon im Realen durchaus möglich sein.

Psalm 151

Zu singen im Angesicht großer Dummheit

Herr, du mein Fels und meine Rettung, stehe mir bei,
ich bin von Idioten umgeben, alle Tage meines Lebens.

Sie lassen nicht ab, mich mit ihrem Dasein zu quälen,
sie verfolgen mich in den Stunden der Ruhe.

Sie drängen sich mir unablässig auf,
denn ihre Dummheit versieget nimmer.

Habe ich Gräben mit Mühe überwunden und geschlossen,
sie reißen sie auf aufs Neue, um ihrer Blödheit willen.

In meiner Verzweiflung rufe ich zu dir:
Wann kommst du, Herr, zu unserer Befreiung?

Wann kommst du, die Einfältigen
und Böswilligen zu zerschlagen,
sie, die uns in unseren Taten hindern?

Schon oft hast du uns der Macht des Todes entrissen,
Herr, wieso lässt du dieses Gelichter walten?

Doch wir harren auf dich in Vertrauen,
denn wir dürfen auf dich hoffen,
da du nur unser Bestes willst.

Gib uns den Mut, deinen Namen zu bekennen
und auch künftig der Idiotie Stand zu halten.

Denn du alleine bist Gott,
wir hoffen darauf, dass deine Weisheit siegt.

Amen!

Sprachpolizei

Am Abend wurde,
in aller Stille
und ohne Aufregung,
Herr R, plötzlich und unerwartet,
aber dennoch völlig zurecht,
verhaftet.

Sein Vergehen:
Verfassen eines Gedichtes,
das weder in Form, Inhalt
und Wortwahl dazu geeignet schien
irgendwelche Personen
irgendwie zu beleidigen.

Aber gerade jenes
hatte sich in beispielloser Weise
tatsächlich ereignet,
da Herr R es gewagt hatte,
die Worte „achtsam" und „Respekt"
ohne Deutungshoheit zu verwenden.

Herr R wurde sofort inhaftiert,
mit einer Freilassung auf Kaution
ist nicht zu rechnen.

Wo kämen wir auch hin,
erschüfe jedermann Werke,
die ein jeder für sich verstehen kann?

Rücksicht durch Zensur

Man könnte in den schönsten Versen schreiben
und sich der besten Reime nur bedienen,
am Ende werden, man sieht's an den Mienen,
so manche Leser gern beleidigt bleiben.

Ihr denkt, ich würde hier jetzt übertreiben?
Wer Opfer spielen will, sucht seine Bühne,
dort wird ein sanftes Wort zur Tellermine,
man wird es dir unter die Nase reiben.

Ob Kreativität oder ob Kränkung,
am Anfang beider steht ganz deutlich „k",
doch ersteres muss rasch in die Versenkung,

sonst wird Ideenarmut offenbar.
Man könnte in den schönsten Versen schreiben –
es hilft nichts – einer wird beleidigt bleiben.

Einzige Gewissheit

Vorsicht, zynisch!

Ob rechtsextreme Hetzer, Populisten,
ob radikale Klimaaktivisten,
ob fern vom Mainstream wandelnde Verschwörer,
ob Gutmenschen, ob neue Weisheitslehrer,
egal – und wenn wir uns auch noch so schämen,
die Zuversicht können sie uns nicht nehmen.

Mit Fake News und mit Großdemonstrationen,
da werden sie uns künftig auch nicht schonen,
denn den Prozess, den sie dadurch gestalten,
der ist schon lange nicht mehr aufzuhalten.
Was kommen muss, wird kommen, keine Frage,
tritt dadurch großes Unheil auch zutage.

Die Tage mögen kommen und auch gehen,
als Sicherheit bleibt doch für uns bestehen:
Wenn wir erstmal den nächsten Krieg verlieren,
uns dann als Opfer unsrer Tat platzieren,
dann werden wir der Hetzer uns erwehren
beziehungsweise Amnestie gewähren.

An diesem Punkt sind wir erneut bei Sinnen,
der ganze Sermon kann von vorn beginnen,
es bleibt die eine Hoffnung in der Welt,
dass nun der Frieden mehr als siebzig Jahre hält.
Und selbst wenn wir das Ziel niemals erreichen,
so ist's uns doch gelungen – zu enttäuschen.

In aller Kürze

Drei Dinge

Das rechte Wort zur rechten Zeit,
als drittes die Gelegenheit.
Wenn alles dies zusammengeht,
so manches Wunder draus entsteht.

Weisheit und Dummheit

„Weise" ist, wisst ihr das nicht,
jemand, der erst denkt, dann spricht.
Wie verhält es sich bei „dumm"?
Grade so, nur anders rum.

Relativitätspraxis

Zwei Stunden Oper –
das ist nicht sehr lang,
zwei Stunden Zahnarzt –
da wird einem bang.
So ist es im Leben –
ob gerade, ob schief,
die Zeit verläuft eben –
relativ.

Handeln und Wirken

Wirke, ohne zu handeln.
Viel Wahrheit sich hierin verbirgt,
nur leider beginnt sisch's zu wandeln –
ins Handeln, das gar nichts bewirkt.

Der Vogel

Den eig'nen Vogel – ach, wie dreist -
hält mancher für den Heiligen Geist,
doch der ist, schaut man ihn sich an,
nur ein gerupfter Flattermann.

Wahrheit un Handkäs

Die Wahrheit is, so lässt sisch zeische,
mit einem Handkäs zu vergleische.
Ferr manschen schwer nur zu ertraache,
lieht er aam daachelang im Maache,
un wann's aach viele net gefällt:
Es gibt nix Besser's uff de Welt!

Klarstellung

Dies Gedicht
reimt sich nicht!
Doch falls ja,
war's ganz klar
ein Verseh'n!
Dankeschön!

Ein Autorenduo mit Inklusionshintergrund

AugenOhr steht für die Zusammenarbeit der Autoren Lutz Riehl und Christina Kupczak. Beide kennen sich über eine langjährige gemeinsame Zusammenarbeit in den Bereichen Integration und Kultur. Lutz Riehl ist von Geburt her fast blind und sehr intensiv durch das Hören geprägt, während Christina Kupczak auf eine vierzigjährige Erfahrung in der Arbeit mit gehörlosen Menschen zurückblicken kann. Auf diese Weise treffen die beiden Welten „Auge" und „Ohr" aufeinander.

Neben individuellen schriftstellerischen Projekten in den Bereichen Lyrik (Riehl) und Erzählung (Kupczak) arbeiten beide auf dem Gebiet des Theaters zusammen. Dies umfasst nicht nur das Schreiben von Stücken sondern auch deren Inszenierung und klangliche Ausgestaltung.

Im Oktober 2019 hatte die erste integrative Theaterproduktion des Auroenduos – die musikalische Komödie HÄNDEL UM HÄNDEL - seine erfolgreiche Premiere.

Weitere Informationen über unsere Personen und unsere Tätig-
keit erfahren Sie auf unserer Homepage:
www.augenohr-frankfurt.de